CODE CRIMINEL

DE LA FRANCE.

AF402555

DEUXIÈME PARTIE.

DEUXIÈME ÉDITION.

A Cologne à la Librairie de KEIL.
1811.

CODE PÉNAL.

DEUXIÈME ÉDITION.

A Cologne à la Librairie de Keil.
1811.

CODE PÉNAL.

ARTICLE I.er

L'INFRACTION que les lois punissent des peines de police est une *contravention*.

L'infraction que les lois punissent des peines correctionnelles est un *délit*.

L'infraction que les lois punissent d'une peine afflictive ou infamante, est un *crime*.

2. Toute tentative de *crime* qui aura été manifestée par des actes extérieurs et suivie d'un commencement d'exécution, si elle n'a été suspendue ou n'a manqué son effet que par des circonstances fortuites ou indépendantes de la volonté de l'auteur, est considérée comme le *crime* même.

3. Les tentatives de *délits* ne sont considérées comme *délits*, que dans les cas déterminés par une disposition spéciale de la loi.

4. Nulle contravention, nul délit, nul crime, ne peuvent être punis de peines qui n'étaient pas prononcées par la loi avant qu'ils fussent commis.

5. Les dispositions du présent Code ne s'appliquent pas aux contraventions, délits et crimes *militaires*.

C. P.   1

LIVRE I.er

DES PEINES EN MATIÈRE CRIMINELLE ET CORRECTIONNELLE, ET DE LEURS EFFETS.

Art. 6. Les peines en matière criminelle sont ou afflictives et infamantes, ou seulement infamantes.

7. Les peines afflictives et infamantes sont,
1.º La mort;
2.º Les travaux forcés à perpétuité;
3.º La déportation;
4.º Les travaux forcés à temps;
5.º La réclusion.

La marque et la confiscation générale peuvent être prononcées concurremment avec une peine afflictive, dans les cas déterminés par la loi.

8. Les peines infamantes sont,
1.º Le carcan;
2.º Le bannissement;
3.º La dégradation civique.

9. Les peines en matière correctionnelle sont,
1.º L'emprisonnement à temps dans un lieu de correction;
2.º L'interdiction à temps de certains droits civiques, civils ou de famille;
3.º L'amende.

10. La condamnation aux peines établies par la loi, est toujours prononcée sans préjudice des restitutions et dommages-intérêts qui peuvent être dus aux parties.

11. Le renvoi sous la surveillance spéciale de la haute police, l'amende, et la confiscation spéciale, soit du corps du délit quand la propriété en appartient au condamné,

soit des choses produites par le délit, soit de celles qui ont servi ou qui ont été destinées à le commettre, sont des peines communes aux matières criminelle et correctionnelle.

CHAPITRE Ier

Des peines en matière criminelle.

12. Tout condamné à mort aura la tête tranchée.

13. Le coupable condamné à mort pour parricide, sera conduit sur le lieu de l'exécution, en chemise, nu-pieds, et la tête couverte d'un voile noir.

Il sera exposé sur l'échafaud pendant qu'un huissier fera au peuple lecture de l'arrêt de condamnation ; il aura ensuite le poing droit coupé, et sera immédiatement exécuté à mort.

14. Les corps des suppliciés seront délivrés à leurs familles, si elles les réclament, à la charge par elles de les faire inhumer sans aucun appareil.

15. Les hommes condamnés aux travaux forcés seront employés aux travaux les plus pénibles ; ils traîneront à leurs pieds un boulet, ou seront attachés deux à deux avec une chaîne, lorsque la nature du travail auquel ils seront employés le permettra.

16. Les femmes et les filles condamnées aux travaux forcés n'y seront employées que dans l'intérieur d'une maison de force.

17. La peine de la déportation consistera à être transporté et à demeurer à perpétuité dans un lieu déterminé par le Gouvernement, hors du territoire continental de l'Empire.

Si le déporté rentre sur le territoire de l'Empire, il sera, sur la seule preuve de son identité, condamné aux travaux forcés à perpétuité.

Le déporté qui ne sera pas rentré sur le territoire de l'Empire, mais qui sera saisi dans des pays occupés par les armées françaises, sera reconduit dans le lieu de sa déportation.

18. Les condamnations aux travaux forcés à perpétuité et à la déportation, emporteront mort civile.

Néanmoins le Gouvernement pourra accorder au déporté, dans le lieu de la déportation, l'exercice des droits civils ou de quelques-uns de ces droits.

19. La condamnation à la peine des travaux forcés à temps sera prononcée pour cinq ans au moins et vingt ans au plus.

20. Quiconque aura été condamné à la peine des travaux forcés à perpétuité, sera flétri, sur la place publique, par l'application d'une empreinte avec un fer brûlant sur l'épaule droite.

Les condamnés à d'autres peines ne subiront la flétrissure que dans les cas où la loi l'aurait attachée à la peine qui leur est infligée.

Cette empreinte sera des lettres T. P. pour les coupables condamnés aux travaux forcés à perpétuité ; de la lettre T. pour les coupables condamnés aux travaux forcés à temps, lorsqu'ils devront être flétris.

La lettre F. sera ajoutée dans l'empreinte, si le coupable est un faussaire.

21. Tout individu de l'un ou de l'autre sexe, condamné à la peine de la réclusion, sera renfermé dans une maison de force, et employé à des travaux dont le produit pourra être en partie appliqué à son profit, ainsi qu'il sera réglé par le Gouvernement.

La durée de cette peine sera au moins de cinq années, et de dix ans au plus.

22. Quiconque aura été condamné à l'une des peines des travaux forcés à perpétuité, des travaux forcés à temps,

ou de la reclusion, avant de subir sa peine, sera attaché au carcan sur la place publique : il y demeurera exposé aux regards du peuple durant une heure ; au-dessus de sa tête sera placé un écriteau portant, en caractères gros et lisibles, ses noms, sa profession, son domicile, sa peine et la cause de sa condamnation.

23. La durée de la peine des travaux forcés à temps et de là peine de la reclusion, se comptera du jour de l'exposition.

24. La condamnation à la peine du carcan sera exécutée de la manière prescrite par l'article 22.

25. Aucune condamnation ne pourra être exécutée les jours de fêtes nationales ou religieuses, ni les dimanches.

26 L'exécution se fera sur l'une des places publiques du lieu qui sera indiqué par l'arrêt de condamnation.

27. Si une femme condamnée à mort se déclare et s'il est vérifié qu'elle est enceinte, elle ne subira la peine qu'après sa délivrance.

28. Quiconque aura été condamné à la peine des travaux forcés à temps, du bannissement, de la reclusion ou du carcan, ne pourra jamais être juré, ni expert, ni être employé comme témoin dans les actes, ni déposer en justice autrement que pour y donner de simples renseignemens.

Il sera incapable de tutelle et de curatelle, si ce n'est de ses enfans et sur l'avis seulement de sa famille.

Il sera déchu du droit de port d'armes, et du droit de servir dans les armées de l'Empire,

29. Quiconque aura été condamné à la peine des travaux forcés à temps, ou de la reclusion, sera de plus, pendant la durée de sa peine, en état d'interdiction légale ; il lui sera nommé un curateur pour gérer et administrer ses biens, dans les formes prescrites pour la nomination des curateurs aux interdits.

30. Les biens du condamné lui seront remis après qu'il aura subi sa peine, et le curateur lui rendra compte de son administration.

31. Pendant la durée de la peine, il ne pourra lui être remis aucune somme, aucune provision, aucune portion de ses revenus.

32. Quiconque aura été condamné au bannissement, sera transporté, par ordre du Gouvernement, hors du territoire de l'Empire.

La durée du bannissement sera au moins de cinq années et de dix ans au plus.

33. Si le banni, durant le temps de son bannissement, rentre sur le territoire de l'Empire, il sera, sur la seule preuve de son identité, condamné à la peine de la déportation.

34. La dégradation civique consiste dans la destitution et l'exclusion du condamné de toutes fonctions ou emplois publics, et dans la privation de tous les droits énoncés en l'article 28.

35. La durée du bannissement se comptera du jour où l'arrêt sera devenu irrévocable.

36. Tous arrêts qui porteront la peine de mort, des travaux forcés à perpétuité ou à temps, la déportation, la réclusion, la peine du carcan, le bannissement et la dégradation civique, seront imprimés par extrait.

Ils seront affichés dans la ville centrale du département, dans celle où l'arrêt aura été rendu, dans la commune du lieu où le délit aura été commis, dans celle où se fera l'exécution et dans celle du domicile du condamné.

37. La confiscation générale est l'attribution des biens d'un condamné au domaine de l'État.

Elle ne sera la suite nécessaire d'aucune condamnation ; elle n'aura lieu que dans les cas où la loi la prononce expressément.

38. La confiscation générale demeure grevée de toutes les dettes légitimes jusqu'à concurrence de la valeur des biens confisqués, de l'obligation de fournir aux enfans ou autres descendans une moitié de la portion dont le père n'aurait pu les priver.

De plus, la confiscation générale demeure grevée de la prestation des alimens à qui il en est dû de droit.

39. L'Empereur pourra disposer des biens confisqués, en faveur, soit des père, mère ou autres ascendans, soit de la veuve, soit des enfans ou autres descendans légitimes, naturels ou adoptifs, soit des autres parens du condamné.

CHAPITRE II.
Des peines en matière correctionnelle.

40. Quiconque aura été condamné à la peine d'emprisonnement, sera renfermé dans une maison de correction : il y sera employé à l'un des travaux établis dans cette maison, selon son choix.

La durée de cette peine sera au moins de six jours, et de cinq années au plus ; sauf les cas de récidive ou autres où la loi aura déterminé d'autres limites.

La peine à un jour d'emprisonnement est de vingt-quatre heures ;

Celle à un mois est de trente jours.

41. Les produits du travail de chaque détenu pour délit correctionnel, seront appliqués, partie aux dépenses communes de la maison, partie à lui procurer quelques adoucissemens, s'il les mérite, partie à former pour lui, au temps de sa sortie, un fonds de réserve ; le tout ainsi qu'il sera ordonné par des réglemens d'administration publique.

42. Les tribunaux, jugeant correctionnellement, pourront, dans certains cas, interdire en tout ou en partie l'exercice des droits civiques, civils et de famille suivans :

1.º De vote et d'élection ;

2.º D'éligibilité ;

3.º D'être appelé ou nommé aux fonctions de juré ou autres fonctions publiques, ou aux emplois de l'adminis-tration, ou d'exercer ces fonctions ou emplois ;

4.º De port d'armes ;

5.º De vote et de suffrage dans les délibérations de famille ;

6.º D'être tuteur, curateur, si ce n'est de ses enfans et sur l'avis seulement de la famille ;

7.º D'être expert ou employé comme témoin dans les actes ;

8.º De témoignage en justice, autrement que pour y faire de simples déclarations.

43. Les tribunaux ne prononceront l'interdiction men-tionnée dans l'article précédent, que lorsqu'elle aura été autorisée ou ordonnée par une disposition particulière de la loi.

CHAPITRE III.

Des peines et des autres condamnations qui peuvent être prononcées pour crimes ou délits.

44. L'effet du renvoi sous la surveillance de la haute police de l'État, sera de donner au Gouvernement, ainsi qu'à la partie intéressée, le droit d'exiger, soit de l'indi-vidu placé dans cet état, après qu'il aura subi sa peine, soit de ses père et mère, tuteur ou curateur, s'il est en âge de minorité, une caution solvable de bonne con-duite, jusqu'à la somme qui sera fixée par l'arrêt ou le jugement : toute personne pourra être admise à fournir cette caution.

Faute de fournir ce cautionnement, le condamné de-meure à la disposition du Gouvernement, qui a le droit d'ordonner, soit l'éloignement de l'individu d'un certain lieu, soit sa résidence continue dans un lieu déterminé de l'un des départemens de l'Empire.

45. En cas de désobéissance à cet ordre, le Gouvernement aura le droit de faire arrêter et détenir le condamné, durant un intervalle de temps qui pourra s'étendre jusqu'à l'expiration du temps fixé pour l'état de la surveillance spéciale.

46. Lorsque la personne mise sous la surveillance spéciale du Gouvernement, et ayant obtenu sa liberté sous caution, aura été condamnée par un arrêt ou jugement devenu irrévocable, pour un ou plusieurs crimes, ou pour un ou plusieurs délits commis dans l'intervalle déterminé par l'acte de cautionnement, les cautions seront contraintes, même par corps, au paiement des sommes portées dans cet acte.

Les sommes recouvrées seront affectées de préférence aux restitutions, aux dommages-intérêts et frais adjugés aux parties lésées par ces crimes ou ces délits.

47. Les coupables condamnés aux travaux forcés à temps et à la reclusion, seront de plein droit, après qu'ils auront subi leur peine, et pendant toute la vie, sous la surveillance de la haute police de l'État.

48. Les coupables condamnés au banissement, seront, de plein droit, sous la même surveillance pendant un temps égal à la durée de la peine qu'ils auront subie.

49. Devront être renvoyés sous la même surveillance, ceux qui auront été condamnés pour crimes ou délits qui intéressent la sûreté intérieure ou extérieure de l'État.

50. Hors les cas déterminés par les articles précédens, les condamnés ne seront placés sous la surveillance de la haute police de l'État que dans le cas où une disposition particulière de la loi l'aura permis.

51. Quand il y aura lieu à la restitution, le coupable sera condamné en outre, envers la partie, à des indemnités, dont la détermination est laissée à la justice de la cour ou du tribunal, lorsque la loi ne les aura pas réglées; sans qu'elles puissent jamais être au-dessous du quart des

restitutions, et sans que la cour ou le tribunal puisse, du consentement même de la partie, en prononcer l'application à un œuvre quelconque.

52. L'exécution des condamnations à l'amende, aux restitutions, aux dommages-intérêts et aux frais, pourra être poursuivie par la voie de la contrainte par corps.

53. Lorsque des amendes et des frais seront prononcés au profit de l'État, si, après l'expiration de la peine afflictive ou infamante, l'emprisonnement du condamné, pour l'acquit de ces condamnations pécuniaires, a duré une année complète, il pourra, sur la preuve acquise par les voies de droit, de son absolue insolvabilité, obtenir sa liberté provisoire.

La durée de l'emprisonnement sera réduite à six mois, s'il s'agit d'un délit ; sauf, dans tous les cas, à reprendre la contrainte par corps, s'il survient au condamné quelque moyen de solvabilité.

54. En cas de concurrence de l'amende ou de la confiscation avec les restitutions et les dommages-intérêts, sur les biens insuffisans du condamné, ces dernières condamnations obtiendront la préférence.

55. Tous les individus condamnés pour un même crime, ou pour un même délit, sont tenus solidairement des amendes, des restitutions, des dommages-intérêts et des frais.

CHAPITRE IV.

Des peines de la récidive pour crimes et délits.

56. Quiconque, ayant été condamné pour crime, aura commis un second crime emportant la dégradation civique, sera condamné à la peine du carcan ;

Si le second crime emporte la peine du carcan ou le bannissement, il sera condamné à la peine de la reclusion ;

Si le second crime entraine la peine de la reclusion, il sera condamné à la peine des travaux forcés à temps et à la marque ;

Si le second crime entraîne la peine des travaux forcés à temps ou la déportation, il sera condamné à la peine des travaux forcés à perpétuité ;

Si le second crime entraîne la peine des travaux forcés à perpétuité, il sera condamné à la peine de mort.

57. Quiconque, ayant été condamné pour un crime, aura commis un délit de nature à être puni correctionnellement, sera condamné au *maximum* de la peine portée par la loi, et cette peine pourra être élevée jusqu'au double.

58. Les coupables condamnés correctionnellement à un emprisonnement de plus d'une année, seront aussi, en cas de nouveau délit, condamnés au *maximum* de la peine portée par la loi, et cette peine pourra être élevée jusqu'au double : ils seront de plus mis sous la surveillance spéciale du Gouvernement pendant au moins cinq années, et dix ans au plus.

LIVRE II.

DES PERSONNES PUNISSABLES, EXCUSABLES OU RESPONSABLES, POUR CRIMES OU POUR DÉLITS.

(Loi décrétée le 13 Février 1810, promulguée le 23 du même mois.)

CHAPITRE UNIQUE.

ART. 59. Les complices d'un crime ou d'un délit seront punis de la même peine que les auteurs mêmes de ce crime ou de ce délit, sauf les cas où la loi en aurait disposé autrement.

60. Seront punis comme complices d'une action qualifiée crime ou délit, ceux qui, par dons, promesses, menaces, abus d'autorité ou de pouvoir, machinations ou artifices coupables, auront provoqué à cette action, ou donné des instructions pour la commettre ;

Ceux qui auront procuré des armes, des instrumens ou tout autre moyen qui aura servi à l'action, sachant qu'ils devaient y servir :

Ceux qui auront, avec connaissance, aidé ou assisté l'auteur ou les auteurs de l'action, dans les faits qui l'auront préparée ou facilitée, ou dans ceux qui l'auront consommée ; sans préjudice des peines qui seront spécialement portées par le présent Code contre les auteurs de complots ou de provocations attentatoires à la sûreté intérieure ou extérieure de l'État, même dans le cas où le crime qui était l'objet des conspirateurs ou des provocateurs, n'aurait pas été commis.

61. Ceux qui connaissant la conduite criminelle des malfaiteurs exerçant des brigandages ou des violences contre la sûreté de l'État, la paix publique, les personnes ou les propriétés, leur fournissent habituellement logement, lieu de retraite ou de réunion, seront punis comme leurs complices.

62. Ceux qui sciemment auront récélé, en tout ou en partie, des choses enlevées, détournées ou obtenues à l'aide d'un crime ou d'un délit, seront aussi punis comme complices de ce crime ou délit.

63. Néanmoins, et à l'égard des recéleurs désignés dans l'article précédent, la peine de mort, des travaux forcés à perpétuité, ou de la déportation, lorsqu'il y aura lieu, ne leur sera appliquée qu'autant qu'ils seront convaincus d'avoir eu, au temps du recélé, connaissance des circonstances auxquelles la loi attache les peines de ces trois genres : sinon, ils ne subiront que la peine des travaux forcés à temps.

64. Il n'y a ni crime ni délit, lorsque le prévenu était en état de démence au temps de l'action, ou lorsqu'il a été contraint par une force à laquelle il n'a pu résister.

65. Nul crime ou délit ne peut être excusé, ni la peine mitigée, que dans les cas et dans les circonstances où la loi déclare le fait excusable, ou permet de lui appliquer une peine moins rigoureuse.

66. Lorsque l'accusé aura moins de seize ans, s'il est décidé qu'il a agi *sans discernement*, il sera acquitté ; mais il sera, selon les circonstances, remis à ses parens, ou conduit dans une maison de correction, pour y être élevé et détenu pendant tel nombre d'années que le jugement déterminera, et qui toutefois ne pourra excéder l'époque où il aura accompli sa vingtième année.

67. S'il est décidé qu'il a agi *avec discernement*, les peines seront prononcées ainsi qu'il suit:

S'il a encouru la peine de mort, des travaux forcés à perpétuité, ou de la déportation, il sera condamné à la peine de dix à vingt ans d'emprisonnement dans une maison de correction;

S'il a encouru la peine des travaux forcés à temps, ou de la réclusion, il sera condamné à être renfermé dans une maison de correction pour un temps égal au tiers au moins et à la moitié au plus de celui auquel il aurait pu être condamné à l'une de ces peines.

Dans tous ces cas, il pourra être mis, par l'arrêt ou le jugement, sous la surveillance de la haute police pendant cinq ans au moins et dix ans au plus.

S'il a encouru la peine du carcan ou du bannissement, il sera condamné à être enfermé, d'un an à cinq ans, dans une maison de correction.

68. Dans aucun des cas prévus par l'article précédent, le condamné ne subira l'exposition publique.

69. Si le coupable n'a encouru qu'une peine correctionnelle, il pourra être condamné à telle peine correctionnelle qui sera jugée convenable, pourvu qu'elle soit au-dessous de la moitié de celle qu'il aurait subie s'il avait eu seize ans.

70. Les peines des travaux forcés à perpétuité, de la déportation et des travaux forcés à temps, ne seront prononcées contre aucun individu âgé de soixante-dix ans accomplis au moment du jugement.

71. Ces peines seront remplacées, à leur égard, par celle de la réclusion, soit à perpétuité, soit à temps, et selon la durée de la peine qu'elle remplacera.

72. Tout condamné à la peine des travaux forcés à perpétuité ou à temps, dès qu'il aura atteint l'âge de

soixante-dix ans accomplis, en sera relevé, et sera renfermé dans la maison de force pour tout le temps à expirer de sa peine, comme s'il n'eût été condamné qu'à la reclusion.

73. Les aubergistes et hôteliers convaincus d'avoir logé, plus de vingt-quatre heures, quelqu'un qui, pendant son séjour, aurait commis un crime ou un délit, seront civilement responsables des restitutions, des indemnités et des frais adjugés à ceux à qui ce crime ou ce délit aurait causé quelque dommage, faute par eux d'avoir inscrit sur leur registre le nom, la profession et le domicile du coupable; sans préjudice de leur responsabilité dans le cas des articles 1952 et 1953 du Code Napoléon.

74. Dans les autres cas de responsabilité civile qui pourront se présenter dans les affaires criminelles, correctionnelles ou de police, les cours et tribunaux devant qui ces affaires seront portées, se conformeront aux dispositions du Code Napoléon, livre III, titre IV, chapitre II.

LIVRE III.

DES CRIMES, DES DÉLITS, ET DE LEUR PUNITION.

TITRE I.er

CRIMES ET DÉLITS CONTRE LA CHOSE PUBLIQUE.

(Loi décrétée le 15 Février 1810, promulguée le 25 du même mois.)
Chap. I.er et II.

CHAPITRE I.er

Crimes et délits contre la sûreté de l'État.

SECTION I.re

Des Crimes et Délits contre la sûreté extérieure de l'État.

ART. 75. Tout Français qui aura porté les armes contre la France, sera puni de mort.

Ses biens seront confisqués.

76. Quiconque aura pratiqué des machinations ou entretenu des intelligences avec les puissances étrangères ou leurs agens, pour les engager à commettre des hostilités ou entreprendre la guerre contre la France, ou pour leur en procurer les moyens, sera puni de mort, et ses biens seront confisqués.

Cette disposition aura lieu dans le cas même où lesdites machinations ou intelligences n'auraient pas été suivies d'hostilités.

77. Sera également puni de mort et de la confiscation de ses biens, quiconque aura pratiqué des manœuvres ou entretenu des intelligences avec les ennemis de l'État, à l'effet de faciliter leur entrée sur le territoire et dépendances de l'Empire français, ou de leur livrer des villes, forteresses, places, postes, ports, magasins, arsenaux, vaisseaux ou bâtimens appartenant à la France, ou de fournir aux ennemis des secours en soldats, hommes, argent, vivres, armes ou munitions, ou de seconder les progrès de leurs armes sur les possessions ou contre les forces françaises de terre ou de mer, soit en ébranlant la fidélité des officiers, soldats, matelots ou autres, envers l'Empereur et l'État, soit de toute autre manière.

78. Si la correspondance avec les sujets d'une puissance ennemie, sans avoir pour objet l'un des crimes énoncés en l'article précédent, a néanmoins eu pour résultat de fournir aux ennemis des instructions nuisibles à la situation militaire ou politique de la France ou de ses alliés, ceux qui auront entretenu cette correspondance seront punis du bannissement, sans préjudice de plus fortes peines dans le cas où ces instructions auraient été la suite d'un concert constituant un fait d'espionnage.

79. Les peines exprimées aux articles 76 et 77 seront les mêmes, soit que les machinations ou manœuvres énoncées en ces articles aient été commises envers la France, soit qu'elles l'aient été envers les alliés de la France, agissant contre l'ennemi commun.

80. Sera puni des peines exprimées en l'article 76, tout fonctionnaire public, tout agent du Gouvernement, ou toute autre personne qui, chargée ou instruite officiellement ou à raison de son état, du secret d'une négociation ou d'une expédition, l'aura livré aux agens d'une puissance étrangère ou de l'ennemi.

81. Tout fonctionnaire public, tout agent, tout préposé du Gouvernement, chargé, à raison de ses fonctions,

du dépôt des plans de fortifications, arsenaux, ports ou rades, qui aura livré ces plans ou l'un de ces plans à l'ennemi ou aux agens de l'ennemi, sera puni de mort, et ses biens seront confisqués.

Il sera puni du bannissement, s'il a livré ces plans aux agens d'une puissance étrangère, neutre ou alliée.

82. Toute autre personne qui, étant parvenue, par corruption, fraude ou violence, à soustraire lesdits plans, les aura livrés ou à l'ennemi ou aux agens d'une puissance étrangère, sera punie comme le fonctionnaire ou agent mentionné dans l'article précédent, et selon les distinctions qui y sont établies.

Si lesdits plans se trouvaient, sans le préalable emploi de mauvaises voies, entre les mains de la personne qui les a livrés, la peine sera, au premier cas mentionné dans l'article 81, la déportation;

Et au second cas du même article, un emprisonnement de deux à cinq ans.

83. Quiconque aura recélé, ou aura fait recéler les espions ou les soldats ennemis envoyés à la découverte et qu'il aura connus pour tels, sera condamné à la peine de mort.

84. Quiconque aura, par des actions hostiles non approuvées par le Gouvernement, exposé l'État à une déclaration de guerre, sera puni du bannissement; et, si la guerre s'en est suivie, de la déportation.

85. Quiconque aura, par des actes non approuvés par le Gouvernement, exposé des Français à éprouver des représailles, sera puni du bannissement.

SECTION II.

Des Crimes contre la sûreté intérieure de l'État.

§. I.er

Des Attentats et Complots dirigés contre l'Empereur et sa famille.

86. L'attentat ou le complot contre la vie ou contre la personne de l'Empereur, est crime de lèse-majesté ; ce crime est puni comme parricide, et emporte de plus la confiscation des biens.

87. L'attentat ou le complot contre la vie ou la personne des membres de la famille impériale ;

L'attentat ou le complot dont le but sera,

Soit de détruire ou de changer le Gouvernement, ou l'ordre de successibilité au trône,

Soit d'exciter les citoyens ou habitans à s'armer contre l'autorité impériale,

Seront punis de la peine de mort et de la confiscation des biens.

88. Il y a attentat dès qu'un acte est commis ou commencé pour parvenir à l'exécution de ces crimes, quoiqu'ils n'aient pas été consommés.

89. Il y a complot dès que la résolution d'agir est concertée et arrêtée entre deux conspirateurs ou un plus grand nombre, quoiqu'il n'y ait pas eu d'attentat.

90. S'il n'y a pas eu de complot arrêté, mais une proposition faite et non agréée d'en former un pour arriver au crime mentionné dans l'article 86, celui qui aura fait une telle proposition sera puni de la reclusion.

L'auteur de toute proposition non agréée tendant à l'un des crimes énoncés dans l'article 87, sera puni du bannissement.

§. II.

Des Crimes tendant à troubler l'État par la guerre civile, l'illégal emploi de la force armée, la dévastation et le pillage publics.

91. L'attentat ou le complot dont le but sera, soit d'exciter la guerre civile en armant ou en portant les citoyens ou habitans à s'armer les uns contre les autres,

Soit de porter la dévastation, le massacre et le pillage dans une ou plusieurs communes,

Seront punis de la peine de mort, et les biens des coupables seront confisqués.

92. Seront punis de mort et de la confiscation de leurs biens, ceux qui auront levé ou fait lever des troupes armées, engagé ou enrôlé, fait engager ou enrôler des soldats, ou leur auront fourni ou procuré des armes ou munitions, sans ordre ou autorisation du pouvoir légitime.

93. Ceux qui, sans droit ou motif légitime, auront pris le commandement d'un corps d'armée, d'une troupe, d'une flotte, d'une escadre, d'un bâtiment de guerre, d'une place forte, d'un poste, d'un port, d'une ville ;

Ceux qui auront retenu, contre l'ordre du Gouvernement, un commandement militaire quelconque ;

Les commandans qui auront tenu leur armée ou troupe rassemblée, après que le licenciement ou la séparation en auront été ordonnés,

Seront punis de la peine de mort, et leurs biens seront confisqués.

94. Toute personne qui, pouvant disposer de la force publique, en aura requis ou ordonné, fait requérir ou ordonner l'action ou l'emploi contre la levée des gens de guerre légalement établie, sera punie de la déportation.

Si cette réquisition ou cet ordre ont été suivis de leur effet, le coupable sera puni de mort, et ses biens seront confisqués.

95. Tout individu qui aura incendié ou détruit, par l'explosion d'une mine, des édifices, magasins, arsenaux, vaisseaux, ou autres propriétés appartenant à l'État, sera puni de mort, et ses biens seront confisqués.

96. Quiconque, soit pour envahir des domaines, propriétés ou deniers publics, places, villes, forteresses, postes, magasins, arsenaux, ports, vaisseaux ou bâtimens appartenant à l'État, soit pour piller ou partager des propriétés publiques ou nationales, ou celles d'une généralité de citoyens, soit enfin pour faire attaque ou résistance envers la force publique agissant contre les auteurs de ces crimes, se sera mis à la tête de bandes armées, ou y aura exercé une fonction ou commandement quelconque, sera puni de mort, et ses biens seront confisqués.

Les mêmes peines seront appliquées à ceux qui auront dirigé l'association, levé ou fait lever, organisé ou fait organiser les bandes, ou leur auront, sciemment et volontairement, fourni ou procuré des armes, munitions et instrumens de crime, ou envoyé des convois de subsistances, ou qui auront de toute autre manière pratiqué des intelligences avec les directeurs ou commandans des bandes.

97. Dans le cas où l'un ou plusieurs des crimes mentionnés aux articles 86, 87 et 91 auront été exécutés ou simplement tentés par une bande, la peine de mort avec confiscation des biens sera appliquée, sans distinction de grades, à tous les individus faisant partie de la bande et qui auront été saisis sur le lieu de la réunion séditieuse.

Sera puni des mêmes peines, quoique non saisi sur le lieu, quiconque aura dirigé la sédition, ou aura exercé dans la bande un emploi ou commandement quelconque.

98. Hors le cas où la réunion séditieuse aurait eu pour objet ou résultat l'un ou plusieurs des crimes énoncés aux articles 86, 87 et 91, les individus faisant partie des bandes dont il est parlé ci-dessus, sans y exercer aucun com-

mandemént ni emploi, et qui auront été saisis sur les lieux, seront punis de la déportation.

99. Ceux qui, connaissant le but et le caractère desdites bandes, leur auront, sans contrainte, fourni des logemens, lieux de retraite ou de réunion, seront condamnés à la peine des travaux forcés à temps.

100. Il ne sera prononcé aucune peine, pour le fait de sédition, contre ceux qui, ayant fait partie de ces bandes sans y exercer aucun commandement, et sans y remplir aucun emploi ni fonction, se seront retirés au premier avertissement des autorités civiles ou militaires, ou même depuis, lorsqu'ils n'auront été saisis que hors des lieux de la réunion séditieuse, sans opposer de résistance et sans armes.

Ils ne seront punis, dans ces cas, que des crimes particuliers qu'ils auraient personnellement commis ; et néanmoins ils pourront être renvoyés, pour cinq ans ou au plus jusqu'à dix, sous la surveillance spéciale de la haute police.

101. Sont compris dans le mot *armes*, toutes machines, tous instrumens ou ustensiles tranchans, perçans ou contondans.

Les couteaux et ciseaux de poche, les cannes simples, ne seront réputés armes qu'autant qu'il en aura été fait usage pour tuer, blesser ou frapper.

Disposition commune aux deux paragraphes de la présente Section.

102. Seront punis comme coupables des crimes et complots mentionnés dans la présente section, tous ceux qui soit par discours tenus dans les lieux ou réunions publics, soit par placards affichés, soit par des écrits imprimés, auront excité directement les citoyens ou habitans à les commettre.

Néanmoins, dans le cas où lesdites provocations n'auraient été suivies d'aucun effet, leurs auteurs seront simplement punis du bannissement.

SECTION III.

De la révélation et de non-révélation des Crimes qui compromettent la sûreté intérieure ou extérieure de l'État.

103. Toutes personnes qui, ayant eu connaissance de complots formés ou de crimes projetés contre la sûreté intérieure ou extérieure de l'État, n'auront pas fait la déclaration de ces complots ou crimes, et n'auront pas révélé au Gouvernement, ou aux autorités administratives ou de police judiciaire, les circonstances qui en seront venues à leur connaissance, le tout dans les vingt-quatre heures qui auront suivi ladite connaissance, seront, lors même qu'elles seraient reconnues exemptes de toute complicité, punies, pour le seul fait de nou-révélation, de la manière et selon les distinctions qui suivent.

104. S'il s'agit du crime de lèse-majesté, tout individu qui, au cas de l'article précédent, n'aura point fait les déclarations qui y sont prescrites, sera puni de la réclusion.

105. A l'égard des autres crimes ou complots mentionnés au présent chapitre, toute personne qui en étant instruite n'aura pas fait les déclarations prescrites par l'article 103, sera punie d'un emprisonnement de deux à cinq ans, et d'une amende de cinq cents francs à deux mille francs.

106. Celui qui aura eu connaissance desdits crimes ou complots non révélés, ne sera point admis à excuse sur le fondement qu'il ne les aurait point approuvés, ou même qu'il s'y serait opposé, et aurait cherché à en dissuader leurs auteurs.

107. Néanmoins, si l'auteur du complot ou crime est époux, même divorcé, ascendant ou descendant, frère ou

sœur, ou allié aux mêmes degrés, de la personne prévenue de réticence, celle-ci ne sera point sujette aux peines portées par les articles précédens; mais elle pourra être mise, par l'arrêt ou le jugement, sous la surveillance spéciale de la haute police pendant un temps qui n'excédera point dix ans.

108. Seront exemptés des peines prononcées contre les auteurs de complots ou d'autres crimes attentatoires à la sûreté intérieure ou extérieure de l'État, ceux des coupables qui, avant toute exécution ou tentative de ces complots ou de ces crimes, et avant toutes poursuites commencées, auront les premiers donné aux autorités mentionnées en l'art. 105, connaissance de ces complots ou crimes et de leurs auteurs ou complices, ou qui, même depuis le commencement des poursuites, auront procuré l'arrestation desdits auteurs ou complices.

Les coupables qui auront donné ces connaissances ou procuré ces arrestations, pourront néanmoins être condamnés à rester pour la vie ou à temps sous la surveillance spéciale de la haute police.

CHAPITRE II.

Crimes et Délits contre les Constitutions de l'Empire.

SECTION I.re

Des Crimes et Délits relatifs à l'exercise des Droits civiques.

109. Lorsque, par attroupement, voies de fait ou menaces, on aura empêché un ou plusieurs citoyens d'exercer leurs droits civiques, chacun des coupables sera puni d'un emprisonnement de six mois au moins et de deux ans au plus, et de l'interdiction du droit de voter et d'être éligible pendant cinq ans au moins et dix ans au plus.

110. Si ce crime a été commis par suite d'un plan concerté pour être exécuté soit dans tout l'Empire, soit

dans un ou plusieurs départemens, soit dans un ou plusieurs arrondissemens communaux, la peine sera le bannissement.

111. Tout citoyen qui, étant chargé, dans un scrutin, du dépouillement des billets contenant les suffrages des citoyens, sera surpris falsifiant ces billets ou en soustrayant de la masse, ou y en ajoutant, ou inscrivant sur les billets des votans non lettrés des noms autres ceux qui lui auraient été déclarés, sera puni de la peine du carcan.

112. Toutes autres personnes coupables des faits énoncés dans l'article précédent, seront punies d'un emprisonnement de six mois au moins et de deux ans au plus, et de l'interdiction du droit de voter et d'être éligibles pendant cinq ans au moins et dix ans au plus.

113. Tout citoyen qui aura, dans les élections, acheté ou vendu un suffrage à un prix quelconque, sera puni d'interdiction des droits de citoyen et de toute fonction ou emploi public, pendant cinq ans au moins et dix ans au plus.

Seront en outre le vendeur et l'acheteur du suffrage, condamnés chacun à une amende double de la valeur des choses reçues ou promises.

SECTION II.

Attentats à la Liberté.

114. Lorsqu'un fonctionnaire public, un agent ou un préposé du Gouvernement, aura ordonné ou fait quelque acte arbitraire, et attentatoire soit à la liberté individuelle, soit aux droits civiques d'un ou de plusieurs citoyens, soit aux constitutions de l'Empire, il sera condamné à la peine de la dégradation civique.

Si néanmoins il justifie qu'il a agi par ordre de ses supérieurs pour des objets du ressort de ceux-ci, et sur lesquels il leur était dû obéissance hiérarchique, il sera exempt de la peine, laquelle sera, dans ce cas, appliquée seulement aux supérieurs qui auront donné l'ordre.

115. Si c'est un ministre qui a ordonné ou fait les actes ou l'un des actes mentionnés en l'article précédent, et si, après les invitations mentionnées dans les articles 63 et 67 du sénatus-consulte du 28 floréal an XII, il a refusé ou négligé de faire réparer ces actes dans les délais fixés par ledit sénatus-consulte, il sera puni du bannissement.

116. Si les ministres prévenus d'avoir ordonné ou autorisé l'acte contraire aux constitutions, prétendent que la signature à eux imputée leur a été surprise, ils seront tenus, en faisant cesser l'acte, de dénoncer celui qu'ils déclareront auteur de la surprise; sinon, ils seront poursuivis personnellement.

117. Les dommages-intérêts qui pourraient être prononcés à raison des attentats exprimés dans l'article 114, seront demandés, soit sur la poursuite criminelle, soit par la voie civile, et seront réglés, eu égard aux personnes, aux circonstances et au préjudice souffert, sans qu'en aucun cas, et quel que soit l'individu lésé, lesdits dommages-intérêts puissent être au-dessous de vingt-cinq francs pour chaque jour de détention illégale et arbitraire et pour chaque individu.

118. Si l'acte contraire aux constitutions a été fait d'après une fausse signature du nom d'un ministre ou d'un fonctionnaire public, les auteurs du faux et ceux qui en auront sciemment fait usage, seront punis des travaux forcés à temps, dont le *maximum* sera toujours appliqué dans ce cas.

119. Les fonctionnaires publics chargés de la police administrative ou judiciaire, qui auront refusé ou négligé de déférer à une réclamation légale tendant à constater les détentions illégales et arbitraires, soit dans les maisons destinées à la garde des détenus, soit par-tout ailleurs, et

qui ne justifieront pas les avoir dénoncées à l'autorité supérieure, seront punis de la dégradation civique, et tenus des dommages-intérêts, lesquels seront réglés comme il est dit dans l'article 117.

120. Les gardiens et concierges des maisons de dépôt, d'arrêt, de justice ou de peine, qui auront reçu un prisonnier sans mandat ou jugement, ou sans ordre provisoire du Gouvernement; ceux qui l'auront retenu, ou auront refusé de le représenter à l'officier de police ou au porteur de ses ordres sans justifier de la défense du procureur impérial ou du juge; ceux qui auront refusé d'exhiber leurs registres à l'officier de police, seront, comme coupables de détention arbitraire, punis de six mois à deux ans d'emprisonnement, et d'une amende de seize francs à deux cents francs.

121. Seront, comme coupables de forfaiture, punis de la dégradation civique, tout officier de police judiciaire, tous procureurs généraux ou impériaux, tous substituts, tous juges, qui auront provoqué, donné ou signé un jugement, une ordonnance ou un mandat, tendant à la poursuite personnelle ou accusation, soit d'un ministre, soit d'un membre du Sénat, du Conseil d'état ou du Corps législatif, sans les autorisations prescrites par les constitutions; ou qui, hors les cas de flagrant délit ou de clameur publique, auront, sans les mêmes autorisations, donné ou signé l'ordre ou le mandat de saisir ou arrêter un ou plusieurs ministres, ou membres du Sénat, du Conseil d'état ou du Corps législatif.

122. Seront aussi punis de la dégradation civique, les procureurs généraux ou impériaux, leurs substituts, les juges ou les officiers publics qui auront retenu ou fait retenir un individu hors des lieux déterminés par le Gouvernement ou par l'administration publique, ou qui auront traduit un citoyen devant une cour d'assises ou une

cour spéciale, sans qu'il ait été préalablement mis légalement en accusation.

SECTION III.

Coalition des Fonctionnaires.

123. Tout concert de mesures contraires aux lois, pratiqué soit par la réunion d'individus ou de corps dépositaires de quelque partie de l'autorité publique, soit par députation ou correspondance entre eux, sera puni d'un emprisonnement de deux mois au moins et de six mois au plus, contre chaque coupable, qui pourra de plus être condamné à l'interdiction des droits civiques, et de tout emploi public, pendant dix ans au plus.

124. Si, par l'un des moyens exprimés ci-dessus, il a été concerté des mesures contre l'exécution des lois ou contre les ordres du Gouvernement, la peine sera le bannissement.

Si ce concert a eu lieu entre les autorités civiles et les corps militaires ou leurs chefs, ceux qui en seront les auteurs ou provocateurs seront punis de la déportation ; les autres coupables seront bannis.

125. Dans le cas où ce concert aurait eu pour objet ou résultat un complot attentatoire à la sûreté intérieure de l'État, les coupables seront punis de mort, et leurs biens seront confisqués.

126. Seront coupables de forfaiture, et punis de la dégradation civique,

Les fonctionnaires publics qui auront, par délibération, arrêté de donner des démissions dont l'objet ou l'effet serait d'empêcher ou de suspendre soit l'administration de la justice, soit l'accomplissement d'un service quelconque.

SECTION IV.

Empiétement des Autorités administratives et judiciaires.

127. Seront coupables de forfaiture, et punis de la dégradation civique,

1.º Les juges, les procureurs généraux ou impériaux, ou leurs substituts, les officiers de police, qui se seront immiscés dans l'exercice du pouvoir législatif, soit par des réglemens contenant des dispositions législatives, soit en arrêtant ou en suspendant l'exécution d'une ou de plusieurs lois, soit en délibérant sur le point de savoir si les lois seront publiées ou exécutées ;

2.º Les juges, les procureurs généraux ou impériaux, ou leurs substituts, les officiers de police judiciaire, qui auraient excédé leur pouvoir, en s'immisçant dans les matières attribuées aux autorités administratives, soit en faisant des réglemens sur ces matières, soit en défendant d'exécuter les ordres émanés de l'administration, ou qui, ayant permis ou ordonné de citer des administrateurs pour raison de l'exercice de leurs fonctions, auraient persisté dans l'exécution de leurs jugemens ou ordonnances, non-obstant l'annullation qui en aurait été prononcée, ou le conflit qui leur aurait été notifié.

128. Les juges qui, sur la revendication formellement faite par l'autorité administrative d'une affaire portée devant eux, auront néanmoins procédé au jugement avant la décision de l'autorité supérieure, seront punis chacun d'une amende de seize francs au moins et de cent cinquante francs au plus.

Les officiers du ministère public qui auront fait des réquisitions ou donné des conclusions pour ledit jugement, seront punis de la même peine.

129. La peine sera d'une amende de cent francs au moins et de cinq cents francs au plus contre chacun des juges qui, après une réclamation légale des parties intéressées ou de l'autorité administrative, auront, sans auto-

risation du Gouvernement, rendu des ordonnances ou décerné des mandats contre ses agens ou préposés, prévenus de crimes ou délits commis dans l'exercice de leurs fonctions.

La même peine sera appliquée aux officiers du ministère public ou de police, qui auront requis lesdites ordonnances ou mandats.

130. Les préfets, sous-préfets, maires et autres administrateurs qui se seront immiscés dans l'exercice du pouvoir législatif, comme il est dit au n.° 1.er de l'article 127, ou qui se seront ingérés de prendre des arrêtés généraux tendant à intimer des ordres ou des défenses quelconques à des cours ou tribunaux, seront punis de la dégradation civique.

131. Lorsque ces administrateurs entreprendront sur les fonctions judiciaires en s'ingérant de connaître de droits et intérêts privés du ressort des tribunaux, et qu'après la réclamation des parties ou de l'une d'elles, ils auront néanmoins décidé l'affaire avant que l'autorité supérieure ait prononcé, ils seront punis d'une amende de seize francs au moins et de cent cinquante francs au plus.

CHAPITRE III.

Crimes et Délits contre la paix publique.

(Loi décrétée le 16 Février 1810, promulguée le 26 du même mois.)

SECTION I.re

Du Faux.

§. I.er

Fausse Monnaie.

132. Quiconque aura contrefait ou altéré les monnaies d'or ou d'argent ayant cours légal en France, ou participé à l'émission ou exposition desdites monnaies contrefaites ou altérées, ou à leur introduction sur le terri-

toire français, sera puni de mort, et ses biens seront con·fisqués.

133. Celui qui aura contrefait ou altéré des monnaies de billon ou de cuivre ayant cours légal en France, ou participé à l'émission ou exposition desdites monnaies contrefaites ou altérées, ou à leur introduction sur le territoire français, sera puni des travaux forcés à perpétuité.

134. Tout individu qui aura, en France, contrefait ou altéré des monnaies étrangères, ou participé à l'émission, exposition ou introduction en France de monnaies étrangères, contrefaites ou altérées, sera puni des travaux forcés à temps.

135. La participation énoncée aux précédens articles ne s'applique point à ceux qui, ayant reçu pour bonnes des pièces de monnaie contrefaites ou altérées, les ont remises en circulation.

Toutefois celui qui aura fait usage desdites pièces après en avoir vérifié ou fait vérifier les vices, sera puni d'une amende triple au moins et sextuple au plus de la somme représentée par les pièces qu'il aura rendues à la circulation, sans que cette amende puisse en aucun cas être inférieure à seize francs.

136. Ceux qui auront eu connaissance d'une fabrique ou d'un dépôt de monnaies d'or, d'argent, de billon ou cuivre ayant cours légal en France, contrefaites ou altérées, et qui n'auront pas, dans les vingt-quatre heures, révélé ce qu'ils savent aux autorités administratives ou de police judiciaire, seront, pour le seul fait de non-révélation, et lors même qu'ils seraient reconnus exempts de toute complicité, punis d'un emprisonnement d'un mois à deux ans.

137. Sont néanmoins exceptés de la disposition précédente les ascendans et descendans, époux même divorcés, et les frères et sœurs des coupables, ou les alliés de ceux-ci aux mêmes degrés.

138. Les personnes coupables des crimes mentionnés aux articles 132 et 133, seront exemptes de peines, si, avant la consommation de ces crimes et avant toutes poursuites, elles en ont donné connaissance et révélé les auteurs aux autorités constituées, ou si, même après les poursuites commencées, elles ont procuré l'arrestation des autres coupables.

Elles pourront néanmoins être mises pour la vie, ou à temps, sous la surveillance spéciale de la haute police.

§. II.

Contrefaction des Sceaux de l'État, des Billets de banque, des Effets publics, et des Poinçons, Timbres et Marques.

139. Ceux qui auront contrefait le sceau de l'État ou fait usage du sceau contrefait;

Ceux qui auront contrefait ou falsifié, soit des effets émis par le trésor public avec son timbre, soit des billets de banques autorisées par la loi, ou qui auront fait usage de ces effets et billets contrefaits ou falsifiés, ou qui les auront introduits dans l'enceinte du territoire français,

Seront punis de mort, et leurs biens seront confisqués.

140. Ceux qui auront contrefait ou falsifié, soit un ou plusieurs timbres nationaux, soit les marteaux de l'État servant aux marques forestières, soit le poinçon ou les poinçons servant à marquer les matières d'or ou d'argent, ou qui auront fait usage des papiers, effets, timbres, marteaux ou poinçons falsifiés ou contrefaits, seront punis des travaux forcés à temps, dont le *maximum* sera toujours appliqué dans ce cas.

141. Sera puni de la réclusion, quiconque s'étant indûment procuré les vrais timbres, marteaux ou poinçons ayant l'une des destinations exprimées en l'article 140, en aura fait une application ou usage préjudiciable aux droits ou intérêts de l'État.

142. Ceux qui auront contrefait les marques destinées à être apposées au nom du Gouvernement sur les diverses espèces de denrées ou de marchandises, ou qui auront fait usage de ces fausses marques ;

Ceux qui auront contrefait le sceau, timbre ou marque d'une autorité quelconque, ou d'un établissement particulier de banque ou de commerce, ou qui auront fait usage des sceaux, timbres ou marques contrefaits,

Seront punis de la reclusion.

143. Sera puni du carcan, quiconque s'étant indûment procuré les vrais sceaux, timbres ou marques ayant l'une des destinations exprimées en l'article 142, en aura fait une application ou usage préjudiciable aux droits ou intérêts de l'État, d'une autorité quelconque, ou même d'un établissement particulier.

144. Les dispositions des articles 136, 137 et 138, sont applicables aux crimes mentionnés dans l'article 139.

<h2 style="text-align:center">§. III.</h2>

Des Faux en écritures publiques ou authentiques, et de commerce ou de banque.

145. Tout fonctionnaire ou officier public qui, dans l'exercice de ses fonctions, aura commis un faux,

Soit par fausses signatures,

Soit par altération des actes, écritures ou signatures,

Soit par supposition de personnes,

Soit par des écritures faites ou intercalées sur des registres ou d'autres actes publics, depuis leur confection ou clôture,

Sera puni des travaux forcés à perpétuité.

146. Sera aussi puni des travaux forcés à perpétuité, tout fonctionnaire ou officier public qui, en rédigeant des actes de son ministère, en aura frauduleusement dénaturé la substance ou les circonstances, soit en écrivant des

conventions autres que celles qui auraient été tracées ou dictées par les parties, soit en constatant comme vrais des faits faux, ou comme avoués des faits qui ne l'étaient pas.

147. Seront punies des travaux forcés à temps, toutes autres personnes qui auront commis un faux en écriture authentique et publique, ou en écriture de commerce ou de banque,

Soit par contrefaçon ou altération d'écritures ou de signatures,

Soit par fabrication de conventions, dispositions, obligations ou décharges, ou par leur insertion après coup dans ces actes,

Soit par addition ou altération de clauses, de déclarations ou de faits que ces actes avaient pour objet de recevoir et de constater.

148. Dans tous les cas exprimés au présent paragraphe, celui qui aura fait usage des actes faux sera puni des travaux forcés à temps.

149. Sont exceptés des dispositions ci-dessus, les faux commis dans les passe-ports et feuilles de route, sur lesquels il sera particulièrement statué ci-après.

§. IV.

Du Faux en écriture privée.

150. Tout individu qui aura, de l'une des manières exprimées en l'article 147, commis un faux en écriture privée, sera puni de la reclusion.

151. Sera puni de la même peine celui qui aura fait usage de la pièce fausse.

152. Sont exceptés des dispositions ci-dessus, les faux certificats de l'espèce dont il sera ci-après parlé.

§. V.

Des Faux commis dans les Passe-ports, Feuilles de route et Certificats.

153. Quiconque fabriquera un faux passe-port, ou falsifiera un passe-port originairement véritable, ou fera usage d'un passe-port fabriqué ou falsifié, sera puni d'un emprisonnement d'une année au moins et de cinq ans au plus.

154. Quiconque prendra, dans un passe-port, un nom supposé, ou aura concouru comme témoin à faire délivrer le passe-port sous le nom supposé, sera puni d'un emprisonnement de trois mois à un an.

Les logeurs et aubergistes qui sciemment inscriront sur leurs registres, sous des noms faux ou supposés, les personnes logées chez eux, seront punis d'un emprisonnement de six jours au moins et d'un mois au plus.

155. Les officiers publics qui délivreront un passe-port à une personne qu'ils ne connaîtront pas personnellement, sans avoir fait attester ses noms et qualités par deux citoyens à eux connus, seront punis d'un emprisonnement d'un mois à six mois.

Si l'officier public, instruit de la supposition du nom, a néanmoins délivré le passe-port sous le nom supposé, il sera puni du bannissement.

156. Quiconque fabriquera une fausse feuille de route, ou falsifiera une feuille de route originairement véritable, ou fera usage d'une feuille de route fabriquée ou falsifiée, sera puni, savoir,

D'un emprisonnement d'une année au moins et de cinq ans au plus, si la fausse feuille de route n'a eu pour objet que de tromper la surveillance de l'autorité publique;

Du bannissement, si le trésor public a payé au porteur de la fausse feuille des frais de route qui ne lui étaient pas dus ou qui excédaient ceux auxquels il pourrait avoir droit, le tout néanmoins au-dessous de cent francs

Et de la reclusion, si les sommes indûment reçues par le porteur de la feuille s'élèvent à cent francs ou au delà.

157. Les peines portées en l'article précédent seront appliquées, selon les distinctions qui y sont posées, à toute personne qui se sera fait délivrer, par l'officier public, une feuille de route sous un nom supposé.

158. Si l'officier public était instruit de la supposition de nom lorsqu'il a délivré la feuille, il sera puni, savoir,

Dans le premier cas posé par l'article 156, du bannissement;

Dans le second cas du même article, de la reclusion;

Et dans le troisième cas, des travaux forcés à temps.

159. Toute personne qui, pour se rédimer elle-même ou en affranchir un autre d'un service public quelconque, fabriquera, sous le nom d'un médecin, chirurgien ou autre officier de santé, un certificat de maladie ou d'infirmité, sera punie d'un emprisonnement de deux à cinq ans.

160. Tout médecin, chirurgien ou autre officier de santé qui, pour favoriser quelqu'un, certifiera faussement des maladies ou infirmités propres à dispenser d'un service public, sera puni d'un emprisonnement de deux à cinq ans.

S'il y a été mu par dons ou promesses, il sera puni du bannissement: les corrupteurs seront, en ce cas, punis de la même peine.

161. Quiconque fabriquera, sous le nom d'un fonctionnaire ou officier public, un certificat de bonne conduite, indigence ou autres circonstances propres à appeler la bienveillance du Gouvernement ou des particuliers sur la personne y désignée, et à lui procurer places, crédit ou secours, sera puni d'un emprisonnement de six mois à deux ans.

La même peine sera appliquée, 1.° à celui qui falsifiera un certificat de cette espèce, originairement véritable, pour l'approprier à une personne autre que celle à laquelle il a été primitivement délivré ; 2.º à tout individu qui se sera servi du certificat ainsi fabriqué ou falsifié.

162. Les faux certificats de toute autre nature, et d'où il pourrait résulter soit lésion envers des tiers, soit préjudice envers le trésor public, seront punis, selon qu'il y aura lieu, d'après les dispositions des paragraphes 3 et 4 de la présente section.

Dispositions communes.

163. L'application des peines portées contre ceux qui ont fait usage de monnaies, billets, sceaux, timbres, marteaux, poinçons, marques et écrits faux, contrefaits, fabriqués ou falsifiés, cessera toutes les fois que le faux n'aura pas été connu de la personne qui aura fait usage de la chose fausse.

164. Dans tous les cas où la peine du faux n'est point accompagnée de la confiscation des biens, il sera prononcé contre les coupables une amende dont le *maximum* pourra être porté jusqu'au quart du bénéfice illégitime que le faux aura procuré ou était destiné à procurer aux auteurs du crime, à leurs complices ou à ceux qui ont fait usage de la pièce fausse. Le *minimum* de cette amende ne pourra être inférieur à cent francs.

165. La marque sera infligée à tout faussaire condamné soit aux travaux forcés à temps, soit même à la réclusion.

SECTION II.

De la Forfaiture et des Crimes et Délits des Fonctionnaires publics dans l'exercice de leurs fonctions.

166. Tout crime commis par un fonctionnaire public dans ses fonctions, est une forfaiture.

167. Toute forfaiture pour laquelle la loi ne prononce pas de peines plus graves, est punie de la dégradation civique.

168. Les simples délits ne constituent pas les fonctionnaires en forfaiture.

§. I.er

Des Soustractions commises par les Dépositaires publics.

169. Tout percepteur, tout commis à une perception, dépositaire ou comptable public, qui aura détourné ou soustrait des deniers publics ou privés, ou effets actifs en tenant lieu, ou des pièces, titres, actes, effets mobiliers qui étaient entre ses mains en vertu de ses fonctions, sera puni des travaux forcés à temps, si les choses détournées ou soustraites sont d'une valeur au-dessus de trois mille francs.

170. La peine des travaux forcés à temps aura lieu également, quelle que soit la valeur des deniers ou des effets détournés ou soustraits, si cette valeur égale, ou excède soit le tiers de la recette ou du dépôt, s'il s'agit de deniers ou effets une fois reçus ou déposés, soit le cautionnement, s'il s'agit d'une recette ou d'un dépôt attaché à une place sujette à cautionnement, soit enfin le tiers du produit commun de la recette pendant un mois, s'il s'agit d'une recette composée de rentrées successives et non sujette à cautionnement.

171. Si les valeurs détournées ou soustraites sont au-dessous de trois mille francs, et en outre inférieures aux mesures exprimées en l'article précédent, la peine sera un emprisonnement de deux ans au moins et de cinq ans au plus, et le condamné sera de plus déclaré à jamais incapable d'exercer aucune fonction publique.

172. Dans les cas exprimés aux trois articles précédens, il sera toujours prononcé contre le condamné une amende dont le *maximum* sera le quart des restitutions et indemnités, et le *minimum* le douzième.

173. Tout juge, administrateur, fonctionnaire ou officier public qui aura détruit, supprimé, soustrait ou

détourné les actes et titres dont il était dépositaire en cette qualité, ou qui lui auront été remis ou communiqués à raison de ses fonctions, sera puni des travaux forcés à temps.

Tous agens, préposés ou commis, soit du Gouvernement, soit des dépositaires publics, qui se seront rendus coupables des mêmes soustractions, seront soumis à la même peine.

§. II.

Des Concussions commises par des Fonctionnaires publics.

174. Tous fonctionnaires, tous officiers publics, leurs commis ou préposés, tous percepteurs des droits, taxes, contributions, deniers, revenus publics ou communaux, et leurs commis ou préposés, qui se seront rendus coupables du crime de concussion, en ordonnant de percevoir ou en exigeant ou recevant ce qu'ils savaient n'être pas dû, ou excéder ce qui était dû pour droits, taxes, contributions, deniers ou revenus, ou pour salaires ou traitemens, seront punis, savoir, les fonctionnaires ou les officiers publics, de la peine de la réclusion; et leurs commis ou préposés, d'un emprisonnement de deux ans au moins et de cinq ans au plus.

Les coupables seront de plus condamnés à une amende dont le *maximum* sera le quart des restitutions et des dommages-intérêts, et le *minimum* le douzième.

§. III.

Des Délits de Fonctionnaires qui se seront ingérés dans des Affaires ou Commerces incompatibles avec leur qualité.

175. Tout fonctionnaire, tout officier public, tout agent du Gouvernement, qui, soit ouvertement, soit par actes simulés, soit par interposition de personnes, aura pris ou reçu quelque intérêt que ce soit, dans les actes, adjudications, entreprises ou régies dont il a ou avait,

au temps de l'acte, en tout ou en partie, l'administration ou la surveillance, sera puni d'un emprisonnement de six mois au moins et de deux ans au plus, et sera condamné à une amende qui ne pourra excéder le quart des restitutions et des indemnités, ni être au-dessous du douzième.

Il sera de plus déclaré à jamais incapable d'exercer aucune fonction publique.

La présente disposition est applicable à tout fonctionnaire ou agent du Gouvernement qui aura pris un intérêt quelconque dans une affaire dont il était chargé d'ordonnancer le paiement ou de faire la liquidation.

176. Tout commandant des divisions militaires, des départemens ou des places et villes, tout préfet ou sous-préfet, qui aura, dans l'étendue des lieux où il a droit d'exercer son autorité, fait ouvertement, ou par des actes simulés, ou par interposition de personnes, le commerce des grains, grenailles, farines, substances farineuses, vins ou boissons, autres que ceux provenant de ses propriétés, sera puni d'une amende de cinq cents francs au moins, de dix mille francs au plus, et de la confiscation des denrées appartenant à ce commerce.

§. V.

De la Corruption des Fonctionnaires publics.

177. Tout fonctionnaire public de l'ordre administratif ou judiciaire, tout agent ou préposé d'une administration publique, qui aura agréé des offres ou promesses, ou reçu des dons ou présens pour faire un acte de sa fonction ou de son emploi, même juste, mais non sujet à salaire, sera puni du carcan, et condamné à une amende double de la valeur des promesses agréées ou des choses reçues, sans que ladite amende puisse être inférieure à deux cents francs.

La présente disposition est applicable à tout fonctionnaire, agent ou préposé de la qualité ci-dessus exprimée, qui, par offres ou promesses agréées, dons ou présens reçus, se sera abstenu de faire un acte qui entrait dans l'ordre de ses devoirs.

178. Dans le cas où la corruption aurait pour objet un fait criminel emportant une peine plus forte que celle du carcan, cette peine plus forte sera appliquée aux coupables.

179. Quiconque aura contraint ou tenté de contraindre par voies de fait ou menaces, corrompu ou tenté de corrompre par promesses, offres, dons ou présens, un fonctionnaire, agent ou préposé, de la qualité exprimée en l'art. 177, pour obtenir, soit une opinion favorable, soit des procès-verbaux, états, certificats ou estimations contraires à la vérité, soit des places, emplois, adjudications, entreprises ou autres bénéfices quelconques, soit enfin tout autre acte du ministère du fonctionnaire, agent ou préposé, sera puni des mêmes peines que le fonctionnaire, agent ou préposé corrompu.

Toutefois, si les tentatives de contrainte ou corruption n'ont eu aucun effet, les auteurs de ces tentatives seront simplement punis d'un emprisonnement de trois mois au moins et de six mois au plus, et d'une amende de cent francs à trois cents francs.

180. Il ne sera jamais fait au corrupteur restitution des choses par lui livrées, ni de leur valeur : elles seront confisquées au profit des hospices des lieux où la corruption aura été commise.

181. Si c'est un juge prononçant en matière criminelle, ou un juré qui s'est laissé corrompre, soit en faveur, soit au préjudice de l'accusé, il sera puni de la reclusion, outre l'amende ordonnée par l'article 177.

182. Si, par l'effet de la corruption, il y a eu condamnation à une peine supérieure à celle de la reclusion, cette peine, quelle qu'elle soit, sera appliquée au juge ou juré coupable de corruption.

183. Tout juge ou administrateur qui se sera décidé par faveur pour une partie ou par inimitié contre elle, sera coupable de forfaiture et puni de la dégradation civique,

§. V.

Des Abus d'autorité.

I.re CLASSE.

Des Abus d'autorité contre les Particuliers.

184. Tout juge, tout procureur général ou impérial, tout substitut, tout administrateur ou tout autre officier de justice ou de police, qui se sera introduit dans le domicile d'un citoyen hors les cas prévus par la loi et sans les formalités qu'elle a prescrites, sera puni d'une amende de seize francs au moins et de deux cents francs au plus.

185. Tout juge ou tribunal, tout administrateur ou autorité administrative, qui, sous quelque prétexte que ce soit, même du silence ou de l'obscurité de la loi, aura dénié de rendre la justice qu'il doit aux parties, après en avoir été requis, et qui aura persévéré dans son déni, après avertissement ou injonction de ses supérieurs, pourra être poursuivi, et sera puni d'une amende de deux cents francs au moins et de cinq cents francs au plus, et de l'interdiction de l'exercice des fonctions publiques depuis cinq ans jusqu'à vingt.

186. Lorsqu'un fonctionnaire ou un officier public, un administrateur, un agent ou un préposé du Gouvernement ou de la police, un exécuteur des mandats de justice ou jugemens, un commandant en chef ou en sous-ordre de la force publique, aura, sans motif légitime, usé ou fait user de violence envers les personnes, dans l'exercice ou à l'occasion de l'exercice de ses fonctions, il sera puni selon la nature et la gravité de ses violences,

et en élevant la peine suivant la règle posée par l'article 198 ci-après.

187. Toute suppression, toute ouverture de lettres confiées à la poste, commise ou facilitée par un fonctionnaire ou un agent du Gouvernement ou de l'administration des postes, sera punie d'une amende de seize francs à trois cents francs. Le coupable sera, de plus, interdit de toute fonction ou emploi public pendant cinq ans au moins et dix ans au plus.

IIe CLASSE.

Des Abus d'autorité contre la chose publique.

188. Tout fonctionnaire public, agent ou préposé du Gouvernement, de quelque état et grade qu'il soit, qui aura requis ou ordonné, fait requérir ou ordonner l'action ou l'emploi de la force publique contre l'exécution d'une loi ou contre la perception d'une contribution légale, ou contre l'exécution soit d'une ordonnance ou mandat de justice, soit de tout autre ordre émané de l'autorité légitime, sera puni de la reclusion.

189. Si cette réquisition ou cet ordre ont été suivis de leur effet, la peine sera la déportation.

190. Les peines énoncées aux articles 188 et 189, ne cesseront d'être applicables aux fonctionnaires ou préposés, qui auraient agi par ordre de leurs supérieurs, qu'autant que cet ordre aura été donné par ceux-ci pour des objets de leur ressort, et sur lesquels il leur était dû obéissance hiérarchique; dans ce cas, les peines portées ci-dessus ne seront appliquées qu'aux supérieurs qui les premiers auront donné cet ordre.

191. Si, par suite desdits ordres ou réquisitions, il survient d'autres crimes punissables de peines plus fortes que celles exprimées aux articles 188 et 189, ces peines plus fortes seront appliquées aux fonctionnaires, agens ou

préposés coupables d'avoir donné lesdits ordres ou fait lesdites réquisitions.

§. VI.

De quelques Délits relatifs à la tenue des actes de l'état civil.

192. Les officiers de l'état civil qui auront inscrit leurs
actes sur de simples feuilles volantes, seront punis d'un
emprisonnement d'un mois au moins et de trois mois au
plus, et d'une amende de seize francs à deux cents francs.

193. Lorsque, pour la validité d'un mariage, la loi
prescrit le consentement des pères, mères ou autres personnes, et que l'officier de l'état civil ne se sera point assuré
de l'existence de ce consentement, il sera puni d'une amende
de seize francs à trois cents francs, et d'un emprisonnement
de six mois au moins et d'un an au plus.

194. L'officier de l'état civil sera aussi puni de seize
francs à trois cents francs d'amende, lorsqu'il aura reçu,
avant le terme prescrit par l'article 228 du Code Napoléon,
l'acte de mariage d'une femme ayant déjà été mariée.

195. Les peines portées aux articles précédens contre
les officiers de l'état civil, leur seront appliquées, lors
même que la nullité de leurs actes n'aurait pas été demandée, ou aurait été couverte; le tout sans préjudice
des peines plus fortes prononcées en cas de collusion, et
sans préjudice aussi des autres dispositions pénales du titre
V du livre I.er du Code Napoléon.

§. VII.

De l'exercice de l'autorité publique illégalement anticipé ou prolongé.

196. Tout fonctionnaire public qui sera entré en exercice de ses fonctions sans avoir prêté le serment, pourra
être poursuivi, et sera puni d'une amende de seize francs
à cent cinquante francs.

197. Tout fonctionnaire public révoqué, destitué,
suspendu ou interdit légalement, qui, après en avoir eu

la connaissance officielle, aura continué l'exercice de ses fonctions, ou qui, étant électif ou temporaire, les aura exercées après avoir été remplacé, sera puni d'un emprisonnement de six mois au moins et de deux ans au plus, et d'une amende de cent francs à cinq cents francs. Il sera interdit de l'exercice de toute fonction publique pour cinq ans au moins et dix ans au plus, à compter du jour où il aura subi sa peine : le tout sans préjudice des plus fortes peines portées contre les officiers ou les commandans militaires par l'article 93 du présent Code.

Disposition particulière.

198. Hors les cas où la loi règle spécialement les peines encourues pour crimes ou délits commis par les fonctionnaires ou officiers publics, ceux d'entre eux qui auront participé à d'autres crimes ou délits qu'ils étaient chargés de surveiller ou de réprimer, seront punis comme il suit:

S'il s'agit d'un délit de police correctionnelle, ils subiront toujours le *maximum* de la peine attachée à l'espèce de délit;

Et s'il s'agit de crimes emportant peine afflictive, ils seront condamnés, savoir,

A la reclusion, si le crime emporte contre tout autre coupable la peine du bannissement ou du carcan;

Aux travaux forcés à temps, si le crime emporte contre tout autre coupable la peine de la reclusion;

Et aux travaux forcés à perpétuité, lorsque le crime emportera contre tout autre coupable la peine de la déportation ou celle des travaux forcés à temps.

Au-delà des cas qui viennent d'être exprimés, la peine commune sera appliquée sans aggravation.

SECTION III.

Des Troubles apportés à l'ordre public par les Ministres des cultes dans l'exercice de leur ministère.

§. I.er

Des Contraventions propres à compromettre l'état civil des Personnes.

199. Tout ministre d'un culte qui procédera aux cérémonies religieuses d'un mariage, sans qu'il lui ait été justifié d'un acte de mariage préalablement reçu par les officiers de l'état civil, sera, pour la première fois, puni d'une amende de seize francs à cent francs.

200. En cas de nouvelles contraventions de l'espèce exprimée en l'article précédent, le ministre de culte qui les aura commises, sera puni, savoir,

Pour la première récidive, d'un emprisonnement de deux à cinq ans;

Et pour la seconde, de la déportation.

§. II.

Des Critiques, Censures ou Provocations dirigées contre l'Autorité publique dans un discours pastoral prononcé publiquement.

201. Les ministres des cultes qui prononceront, dans l'exercice de leur ministère, et en assemblée publique, un discours contenant la critique ou censure du Gouvernement, d'une loi, d'un décret impérial ou de tout autre acte de l'autorité publique, seront punis d'un emprisonnement de trois mois à deux ans.

202. Si le discours contient une provocation directe à la désobéissance aux lois ou autres actes de l'autorité publique, ou s'il tend à soulever ou armer une partie des citoyens contre les autres, le ministre du culte qui l'aura prononcé sera puni d'un emprisonnement de deux à cinq ans, si la provocation n'a été suivie d'aucun effet; et du bannissement, si elle a donné lieu à désobéissance, autre

toutefois que celle qui aurait dégénéré en sédition ou révolte.

203. Lorsque la provocation aura été suivie d'une sédition ou révolte dont la nature donnera lieu contre l'un ou plusieurs des coupables à une peine plus forte que celle du bannissement, cette peine, quelle qu'elle soit, sera appliquée au ministre coupable de la provocation.

§. III.

Des Critiques, Censures ou Provocations dirigées contre l'Autorité publique dans un écrit pastoral.

204. Tout écrit contenant des instructions pastorales, en quelque forme que ce soit, et dans lequel un ministre de culte se sera ingéré de critiquer ou censurer, soit le Gouvernement, soit tout acte de l'autorité publique, emportera la peine du bannissement contre le ministre qui l'aura publié.

205. Si l'écrit mentionné en l'article précédent contient une provocation directe à la désobéissance aux lois ou autres actes de l'autorité publique, ou s'il tend à soulever ou armer une partie des citoyens contre les autres, le ministre qui l'aura publié sera puni de la déportation.

206. Lorsque la provocation contenue dans l'écrit pastoral aura été suivie d'une sédition ou révolte dont la nature donnera lieu contre l'un ou plusieurs des coupables à une peine plus forte que celle de la déportation, cette peine, quelle qu'elle soit, sera appliquée au ministre coupable de la provocation.

§. IV.

De la Correspondance des Ministres des cultes avec des Cours ou Puissances étrangères, sur des matières de religion.

207. Tout ministre d'un culte qui aura, sur des questions ou matières religieuses, entretenu une correspondance avec une cour ou puissance étrangère, sans en avoir pré-

alablement informé le ministre de l'Empereur, chargé de la surveillance des cultes, et sans avoir obtenu son autorisation, sera, pour ce seul fait, puni d'une amende de cent francs à cinq cents francs, et d'un emprisonnement d'un mois à deux ans.

208. Si la correspondance mentionnée en l'article précédent a été accompagnée ou suivie d'autres faits contraires aux dispositions formelles d'une loi ou d'un décret de l'Empereur, le coupable sera puni du bannissement, à moins que la peine résultant de la nature de ces faits ne soit plus forte, auquel cas cette peine plus forte sera seule appliquée.

SECTION IV.

Résistance, Désobéissance et autres Manquemens envers l'Autorité publique.

§. I.er

Rebellion.

209. Toute attaque, toute résistance avec violence et voies de fait envers les officiers ministériels, les gardes champêtres ou forestiers, la force publique, les préposés à la perception des taxes et des contributions, leurs porteurs de contraintes, les préposés des douanes, les séquestres, les officiers ou agens de la police administrative ou judiciaire agissant pour l'exécution des lois, des ordres ou ordonnances de l'autorité publique, des mandats de justice ou jugemens, est qualifiée, selon les circonstances, crime ou délit de rebellion.

210. Si elle a été commise par plus de vingt personnes armées, les coupables seront punis des travaux forcés à temps ; et s'il n'y a pas eu port d'armes, ils seront punis de la reclusion.

211. Si la rebéllion a été commise par une réunion armée de trois personnes ou plus, jusqu'à vingt inclusive

ment, la peine sera la reclusion; s'il n'y a pas eu port d'armes, la peine sera un emprisonnement de six mois au moins et deux ans au plus.

212. Si la rebellion n'a été commise que par une ou deux personnes avec armes, elle sera punie d'un emprisonnement de six mois à deux ans; et si elle a eu lieu sans armes, d'un emprisonnement de six jours à six mois.

213. En cas de rebellion avec bande ou attroupement, l'article 100 du présent Code sera applicable aux rebelles sans fonctions ni emplois dans la bande, qui se seront retirés au premier avertissement de l'autorité publique, ou même depuis, s'ils n'ont été saisis que hors du lieu de la rebellion, et sans nouvelle résistance et sans armes.

214. Toute réunion d'individus pour un crime ou un délit, est réputée réunion armée, lorsque plus de deux personnes portent des armes ostensibles.

215. Les personnes qui se trouveraient munies d'armes cachées, et qui auraient fait partie d'une troupe ou réunion non réputée armée, seront individuellement punies comme si elles avaient fait partie d'une troupe ou réunion armée.

216. Les auteurs des crimes et délits commis pendant le cours et à l'occasion d'une rebellion, seront punis des peines prononcées contre chacun de ces crimes, si elles sont plus fortes que celles de la rebellion.

217. Sera puni comme coupable de la rebellion, quiconque y aura provoqué, soit par des discours tenus dans des lieux ou réunions publics, soit par placards affichés, soit par écrits imprimés.

Dans le cas où la rebellion n'aurait pas eu lieu, le provocateur sera puni d'un emprisonnement de six jours au moins et d'un an au plus.

218. Dans tous les cas où il sera prononcé, pour fait de rebellion, une simple peine d'emprisonnement, les cou-

pables pourront être condamnés en outre à une amende de seize francs à deux cents francs.

219. Seront punies comme réunions de rebelles, celles qui auront été formées avec ou sans armes, et accompagnées de violences ou de menaces contre l'autorité administrative, les officiers et les agens de police, ou contre la force publique,

1.º Par les ouvriers ou journaliers, dans les ateliers publics ou manufactures ;

2.º Par les individus admis dans les hospices ;

3.º Par les prisonniers prévenus, accusés ou condamnés.

220. La peine appliquée pour rebellion à des prisonniers prévenus, accusés ou condamnés relativement à d'autres crimes ou délits, sera par eux subie, savoir :

Par ceux qui, à raison des crimes ou délits qui ont causé leur détention, sont ou seraient condamnés à une peine non capitale ni perpétuelle, immédiatement après l'expiration de cette peine ;

Et par les autres, immédiatement après l'arrêt ou jugement en dernier ressort, qui les aura acquittés ou renvoyés absous du fait pour lequel ils étaient détenus.

221. Les chefs d'une rebellion, et ceux qui l'auront provoquée, pourront être condamnés à rester, après l'expiration de leur peine, sous la surveillance spéciale de la haute police pendant cinq ans au moins et dix ans au plus.

§. II.

Outrages et Violences envers les Dépositaires de l'autorité et de la force publique.

222. Lorsqu'un ou plusieurs magistrats de l'ordre administratif ou judiciaire auront reçu dans l'exercice de leurs fonctions, ou à l'occasion de cet exercice, quelque outrage par paroles tendant à inculper leur honneur ou

leur délicatesse, celui qui les aura ainsi outragés sera puni d'un emprisonnement d'un mois à deux ans.

Si l'outrage a eu lieu à l'audience d'une cour ou d'un tribunal, l'emprisonnement sera de deux à cinq ans.

223. L'outrage fait par gestes ou menaces à un magistrat dans l'exercice ou à l'occasion de l'exercice de ses fonctions, sera puni d'un mois à six mois d'emprisonnement; et si l'outrage a eu lieu à l'audience d'une cour ou d'un tribunal, il sera puni d'un emprisonnement d'un mois à deux ans.

224. L'outrage fait par paroles, gestes ou menaces à tout officier ministériel, ou agent dépositaire de la force publique, dans l'exercice ou à l'occasion de l'exercice de ses fonctions, sera puni d'une amende de seize francs à deux cents francs.

225. La peine sera de six jours à un mois d'emprisonnement, si l'outrage mentionné en l'article précédent a été dirigé contre un commandant de la force publique.

226. Dans le cas des articles 222, 223 et 225, l'offenseur pourra être, outre l'emprisonnement, condamné à faire réparation, soit à la première audience, soit par écrit; et le temps de l'emprisonnement prononcé contre lui ne sera compté qu'à dater du jour où la réparation aura eu lieu.

227. Dans le cas de l'article 224, l'offenseur pourra de même, outre l'amende, être comdamné à faire réparation à l'offensé; et s'il retarde ou refuse, il y sera contraint par corps.

228. Tout individu qui, même sans armes, et sans qu'il en soit résulté de blessures, aura frappé un magistrat dans l'exercice de ses fonctions, ou à l'occasion de cet exercice, sera puni d'un emprisonnement de deux à cinq ans.

Si cette voie de fait a eu lieu à l'audience d'une cour ou d'un tribunal, le coupable sera puni du carcan.

229. Dans l'un et l'autre des cas exprimés en l'article précédent, le coupable pourra de plus être condamné à s'éloigner, pendant cinq à dix ans, du lieu où siége le magistrat, et d'un rayon de deux myriamètres.

Cette disposition aura son exécution à dater du jour où le condamné aura subi sa peine.

Si le condamné enfreint cet ordre avant l'expiration du temps fixé, il sera puni du bannissement.

230. Les violences de l'espèce exprimée en l'article 228, dirigées contre un officier ministériel, un agent de la force publique, ou un citoyen chargé d'un ministère de service public, si elles ont eu lieu pendant qu'ils exerçaient leur ministère ou à cette occasion, seront punies d'un emprisonnement d'un mois à six mois.

231. Si les violences exercées contre les fonctionnaires et agens désignés aux articles 228 et 230 ont été la cause d'effusion de sang, blessures ou maladie, la peine sera la reclusion; si la mort s'en est suivie dans les quarante jours, le coupable sera puni de mort.

232. Dans le cas même où ces violences n'auraient pas causé d'effusion de sang, blessures ou maladie, les coups seront punis de la reclusion, s'ils ont été portés avec préméditation ou guet-apens.

233. Si les blessures sont du nombre de celles qui portent le caractère de meurtre, le coupable sera puni de mort.

§. III.

Refus d'un Service dû légalement.

234. Tout commandant, tout officier ou sous-officier de la force publique qui, après en avoir été légalement requis par l'autorité civile, aura refusé de faire agir la force à ses ordres, sera puni d'un emprisonnement d'un mois à

trois mois, sans préjudice des réparations civiles qui pourraient être dues aux termes de l'art. 10 du présent Code.

235. Les lois pénales et réglemens rélatifs à la conscription militaire continueront de recevoir leur exécution.

236. Les témoins et jurés qui auront allégué une excuse reconnue fausse, seront condamnés, outre les amendes prononcées pour la non-comparution, à un emprisonnement de six jours à deux mois.

§. IV.

Évasion de détenus, Recèlement de criminels.

237. Toutes les fois qu'une évasion de détenus aura lieu, les huissiers, les commandans en chef ou en sous-ordre, soit de la gendarmerie, soit de la force armée servant d'escorte ou garnissant les postes, les concierges, gardiens, geoliers, et tous autres préposés à la conduite, au transport ou à la garde des détenus, seront punis ainsi qu'il suit.

238. Si l'évadé était prévenu de délits de police, ou de crimes simplement infamans, ou s'il était prisonnier de guerre, les préposés à sa garde ou conduite seront punis, en cas de négligence, d'un emprisonnement de six jours à deux mois, et en cas de connivence, d'un emprisonnement de six mois à deux ans.

Ceux qui, n'étant pas chargés de la garde ou de la conduite du détenu, auront procuré ou facilité son évasion, seront punis de six jours à trois mois d'emprisonnement.

239. Si les détenus évadés, ou l'un d'eux, étaient prévenus ou accusés d'un crime de nature à entraîner une peine afflictive à temps, ou condamnés pour l'un de ces crimes, la peine sera, contre les préposés à la garde ou conduite, en cas de négligence, un emprisonnement de deux mois à six mois; en cas de connivence, la réclusion.

Les individus non chargés de la garde des détenus, qui auront procuré ou facilité l'évasion, seront punis d'un emprisonnement de trois mois à deux ans.

240. Si les évadés, ou l'un d'eux, sont prévenus ou accusés de crimes de nature à entraîner la peine de mort ou des peines perpétuelles, ou s'ils sont condamnés à l'une de ces peines, leurs conducteurs ou gardiens seront punis d'un an à deux ans d'emprisonnement, en cas de négligence, et des travaux forcés à temps, en cas de connivence.

Les individus non chargés de la conduite ou de la garde qui auront facilité ou procuré l'évasion, seront punis d'un emprisonnement d'un an au moins et de cinq ans au plus.

241. Si l'évasion a eu lieu ou a été tentée avec violence ou bris de prison, les peines contre ceux qui l'auront favorisée en fournissant des instrumens propres à l'opérer, seront, au cas que l'évadé fût de la qualité exprimée en l'article 238, trois mois à deux ans d'emprisonnement; au cas de l'article 239, deux à cinq ans d'emprisonnement; et au cas de l'article 240, la réclusion.

242. Dans tous les cas ci-dessus, lorsque les tiers qui auront procuré ou facilité l'évasion, y seront parvenus en corrompant les gardiens ou geoliers, ou de connivence avec eux, ils seront punis des mêmes peines que lesdits gardiens et geoliers.

243. Si l'évasion avec bris ou violence a été favorisée par transmission d'armes, les gardiens et conducteurs qui y auront participé seront punis des travaux forcés à perpétuité; les autres personnes, des travaux forcés à temps.

244. Tous ceux qui auront connivé à l'évasion d'un détenu, seront solidairement condamnés, à titre de dommages-intérêts, à tout ce que la partie civile du détenu aurait eu droit d'obtenir contre lui.

245. A l'égard des détenus qui se seront évadés ou qui auront tenté de s'évader par bris de prison ou par

violence, ils seront, pour ce seul fait, punis de six mois à un an d'emprisonnement, et subiront cette peine immédiatement après l'expiration de celle qu'ils auront encourue pour le crime ou délit à raison duquel ils étaient détenus, ou immédiatement après l'arrêt ou jugement qui les aura acquittés ou renvoyés absous dudit crime ou délit; le tout sans préjudice de plus fortes peines qu'ils auraient pu encourir pour d'autres crimes qu'ils auraient commis dans leurs violences.

246. Quiconque sera condamné, pour avoir favorisé une évasion ou des tentatives d'évasion, à un emprisonnement de plus de six mois, pourra, en outre, être mis sous la surveillance spéciale de la haute police, pour un intervalle de cinq à dix ans.

247. Les peines d'emprisonnement ci-dessus établies contre les conducteurs ou les gardiens en cas de négligence seulement, cesseront lorsque les évadés seront repris ou représentés, pourvu que ce soit dans les quatre mois de l'évasion, et qu'ils ne soient pas arrêtés pour d'autres crimes ou délits commis postérieurement.

248. Ceux qui auront recélé ou fait recéler des personnes qu'ils savaient avoir commis des crimes emportant peine afflictive, seront punis de trois mois d'emprisonnement au moins et de deux ans au plus.

Sont exceptés de la présente disposition les ascendans ou descendans, époux ou épouse même divorcés, frères ou sœurs des criminels recélés, ou leurs alliés aux mêmes degrés.

§. V.

Bris de scellés et Enlèvement de pièces dans les Dépôts publics.

249. Lorsque des scellés apposés soit par ordre du Gouvernement, soit par suite d'une ordonnance de justice rendue en quelque matière que ce soit, auront été brisés,

les gardiens seront punis, pour simple négligence, de six jours à six mois d'emprisonnement.

250. Si le bris de scellés s'applique à des papiers et effets d'un individu prévenu ou accusé d'un crime emportant la peine de mort, des travaux forcés à perpétuité, ou de la déportation, ou qui soit condamné à l'une de ces peines, le gardien négligent sera puni de six mois à deux ans d'emprisonnement.

251. Quiconque aura, à dessein, brisé des scellés apposés sur des papiers ou effets de la qualité énoncée en l'article précédent, ou participé au bris des scellés, sera puni de la reclusion ; et si c'est le gardien lui-même, il sera puni des travaux forcés à temps.

252. A l'égard de tous autres bris de scellés, les coupables seront punis de six mois à deux ans d'emprisonnement ; et si c'est le gardien lui-même, il sera puni de deux à cinq ans de la même peine.

253. Tout vol commis à l'aide d'un bris de scellés, sera puni comme vol commis à l'aide d'effraction.

254. Quant aux soustractions, destructions et enlèvemens de pièces ou de procédures criminelles, ou d'autres papiers, registres, actes et effets, contenus dans des archives, greffes ou dépôts publics, ou remis à un dépositaire public en cette qualité, les peines seront, contre les greffiers, archivistes, notaires ou autres dépositaires négligens, de trois mois à un an d'emprisonnement, et d'une amende de cent francs à trois cent francs.

255. Quiconque se sera rendu coupable des soustractions, enlèvemens ou destructions mentionnés en l'article précédent, sera puni de la reclusion.

Si le crime est l'ouvrage du dépositaire lui-même, il sera puni des travaux forcés à temps.

256. Si le bris de scellés, les soustractions, enlèvemens ou destructions de pièces ont été commis avec violence envers les personnes, la peine sera, contre toute

personne, celle des travaux forcés à temps, sans préjudice de peines plus fortes, s'il y a lieu, d'après la nature des violences et des autres crimes qui y seraient joints.

§. VI.

Dégradation de monumens.

257. Quiconque aura détruit, abattu, mutilé ou dégradé des monumens, statues et autres objets destinés à l'utilité ou à la décoration publique, et élevés par l'autorité publique ou avec son autorisation, sera puni d'un emprisonnement d'un mois à deux ans, et d'une amende de cent francs à cinq cents francs.

§. VII.

Usurpation de titres ou fonctions.

258. Quiconque, sans titre, se sera immiscé dans des fonctions publiques, civiles ou militaires, ou aura fait les actes d'une de ces fonctions, sera puni d'un emprisonnement de deux à cinq ans, sans préjudice de la peine de faux, si l'acte porte le caractère de ce crime.

259. Toute personne qui aura publiquement porté un costume, un uniforme ou une décoration qui ne lui appartenait pas, ou qui se sera attribué des titres impériaux qui ne lui auraient pas été légalement conférés, sera punie d'un emprisonnement de six mois à deux ans.

§. VIII.

Entraves au libre exercice des cultes.

260. Tout particulier qui, par des voies de fait ou des menaces, aura contraint ou empêché une ou plusieurs personnes d'exercer l'un des cultes autorisés, d'assister à l'exercice de ce culte, de célébrer certaines fêtes, d'observer certains jours de repos, et, en conséquence, d'ouvrir ou de fermer leurs ateliers, boutiques ou magasins, et de faire ou quitter certains travaux, sera puni, pour

ce seul fait, d'une amende de seize francs à deux cents francs, et d'un emprisonnement de six jours à deux mois.

261. Ceux qui auront empéché, retardé ou interrompu les exercices d'un culte par des troubles ou désordres causés dans le temple ou autre lieu destiné ou servant actuellement à ces exercices, seront punis d'une amende de seize francs à trois cents francs, et d'un emprisonnement de six jours à trois mois.

262. Toute personne qui aura, par paroles ou gestes, outragé les objets d'un culte dans les lieux destinés ou servant actuellement à son exercice, ou les ministres de ce culte dans leurs fonctions, sera punie d'une amende de seize francs à cinq cents francs, et d'un emprisonnement de quinze jours à six mois.

263. Quiconque aura frappé le ministre d'un culte dans ses fonctions, sera puni du carcan.

264. Les dispositions du présent paragraphe ne s'appliquent qu'aux troubles, outrages ou voies de fait dont la nature ou les circonstances ne donneront pas lieu à de plus fortes peines, d'après les autres dispositions du présent Code.

SECTION V.

Association de malfaiteurs, Vagabondage et Mendicité.

§. Ier

Association de malfaiteurs.

265. Toute association de malfaiteurs envers les personnes ou les propriétés, est un crime contre la paix publique.

266. Ce crime existe par le seul fait d'organisation de bandes ou de correspondance entre elles et leurs chefs ou commandans, ou de conventions tendant à rendre compte ou à faire distribution ou partage du produit des méfaits.

267. Quand ce crime n'aurait été accompagné ni suivi d'aucun autre, les auteurs, directeurs de l'association, et les commandans en chef ou en sous-ordre de ces bandes, seront punis des travaux forcés à temps.

268. Seront punis de la reclusion tous autres individus chargés d'un service quelconque dans ces bandes, et ceux qui auront sciemment et volontairement fourni aux bandes ou à leurs divisions, des armes, munitions, instrumens de crime, logement, retraite ou lieu de réunion.

§. II.

Vagabondage.

269. Le vagabondage est un délit.

270. Les vagabonds ou gens sans aveu sont ceux qui n'ont ni domicile certain, ni moyens de subsistance, et qui n'exercent habituellement ni métier ni profession.

271. Les vagabonds ou gens sans aveu qui auront été légalement déclarés tels, seront, pour ce seul fait, punis de trois à six mois d'emprisonnement, et demeureront, après avoir subi leur peine, à la disposition du Gouvernement pendant le temps qu'il déterminera, eu égard à leur conduite.

272. Les individus déclarés vagabonds par jugement pourront, s'ils sont étrangers, être conduits, par les ordres du Gouvernement, hors du territoire de l'Empire.

273. Les vagabonds nés en France pourront, après un jugement même passé en force de chose jugée, être réclamés par délibération du conseil municipal de la commune où ils sont nés, ou cautionnés par un citoyen solvable.

Si le Gouvernement accueille la réclamation ou agrée la caution, les individus ainsi réclamés ou cautionnés seront, par ses ordres, renvoyés ou conduits dans la commune qui les a réclamés, ou dans celle qui leur sera assignée pour résidence, sur la demande de la caution.

S. I I I.

Mendicité.

274. Toute personne qui aura été trouvée mendiant dans un lieu pour lequel il existera un établissement public organisé afin d'obvier à la mendicité, sera punie de trois à six mois d'emprisonnement, et sera, après l'expiration de sa peine, conduite au dépôt de mendicité.

275. Dans les lieux où il n'existe point encore de tels établissemens, les mendians d'habitude valides seront punis d'un mois à trois mois d'emprisonnement.

S'ils ont été arrêtés hors du canton de leur résidence, ils seront punis d'un emprisonnement de six mois à deux ans.

276. Tous mendians, même invalides, qui auront usé de menaces, ou seront entrés sans permission du propriétaire ou des personnes de sa maison, soit dans une habitation, soit dans un enclos en dépendant,

Ou qui feindront des plaies ou infirmités,

Ou qui mendieront en réunion, à moins que ce ne soient le mari et la femme, le père ou la mère et leurs jeunes enfans, l'aveugle et son conducteur,

Seront punis d'un emprisonnement de six mois à deux ans.

Dispositions communes aux Vagabonds et Mendians.

277. Tout mendiant ou vagabond qui aura été saisi travesti d'une manière quelconque,

Ou porteur d'armes, bien qu'il n'en ait usé ni menacé,

Ou muni de limes, crochets ou autres instrumens propres soit à commettre des vols ou d'autres délits, soit à lui procurer les moyens de pénétrer dans les maisons,

Sera puni de deux à cinq ans d'emprisonnement.

278. Tout mendiant ou vagabond qui sera trouvé porteur d'un ou de plusieurs effets d'une valeur supérieure

à cent francs, et qui ne justifiera point d'où ils lui proviennent, sera puni de la peine portée en l'article 276.

279. Tout mendiant ou vagabond qui aura exercé quelque acte de violence que ce soit envers les personnes, sera puni de la reclusion, sans préjudice de peines plus fortes, s'il y a lieu, à raison du genre et des circonstances de la violence.

280. Tout vagabond ou mendiant qui aura commis un crime emportant la peine des travaux forcés à temps, sera en outre marqué.

281. Les peines établies par le présent Code contre les individus porteurs de faux certificats, faux passe-ports ou fausses feuilles de route, seront toujours, dans leur espèce, portées au *maximum*, quand elles seront appliquées à des vagabonds ou mendians.

282. Les vagabonds ou mendians qui auront subi les peines portées par les articles précédens, demeureront, à la fin de ces peines, à la disposition du Gouvernement.

SECTION VI.

Délits commis par la voie d'Écrits, Images ou Gravures, distribués sans noms d'Auteur, Imprimeur ou Graveur.

283. Toute publication ou distribution d'ouvrages, écrits, avis, bulletins, affiches, journaux, feuilles périodiques ou autres imprimés, dans lesquels ne se trouvera pas l'indication vraie des noms, profession et demeure de l'auteur ou de l'imprimeur, sera, pour ce seul fait, punie d'un emprisonnement de six jours à six mois, contre toute personne qui aura sciemment contribué à la publication ou distribution.

284. Cette disposition sera réduite à des peines de simple police,

1.° A l'égard des crieurs, afficheurs, vendeurs ou distributeurs qui auront fait connaître la personne de laquelle ils tiennent l'écrit imprimé;

2.° A l'égard de quiconque aura fait connaître l'imprimeur ;

3.° A l'égard même de l'imprimeur qui aura fait connaître l'auteur.

285. Si l'écrit imprimé contient quelques provocations à des crimes ou délits, les crieurs, afficheurs, vendeurs et distributeurs seront punis comme complices des provocateurs, à moins qu'ils n'aient fait connaître ceux dont ils tiennent l'écrit contenant la provocation.

En cas de révélation, ils n'encourront qu'un emprisonnement de six jours à trois mois ; et la peine de complicité ne restera applicable qu'à ceux qui n'auront point fait connaître les personnes dont ils auront reçu l'écrit imprimé, et à l'imprimeur, s'il est connu.

286. Dans tous les cas ci-dessus, il y aura confiscation des exemplaires saisis.

287. Toute exposition ou distribution de chansons, pamphlets, figures ou images contraires aux bonnes mœurs, sera punie d'une amende de seize francs à cinq cents francs, d'un emprisonnement d'un mois à un an, et de la confiscation des planches et des exemplaires imprimés ou gravés de chansons, figures ou autres objets du délit.

288. La peine d'emprisonnement et l'amende prononcées par l'article précédent, seront réduites à des peines de simple police,

1.° A l'égard des crieurs, vendeurs ou distributeurs qui auront fait connaître la personne qui leur a remis l'objet du délit ;

2.° A l'égard de quiconque aura fait connaître l'imprimeur ou le graveur ;

3.° A l'égard même de l'imprimeur ou du graveur qui auront fait connaître l'auteur ou la personne qui les aura chargés de l'impression ou de la gravure.

289. Dans tous les cas exprimés en la présente section, et où l'auteur sera connu, il subira le *maximum* de la peine attachée à l'espèce du délit.

Disposition particulière.

290. Tout individu qui, sans y avoir été autorisé par la police, fera le métier de crieur ou afficheur d'écrits imprimés, dessins ou gravures, même munis des noms d'auteur, imprimeur, dessinateur ou graveur, sera puni d'un emprisonnement de six jours à deux mois.

SECTION VII.

Des Associations ou Réunions illicites.

291. Nulle association de plus de vingt personnes, dont le but sera de se réunir tous les jours ou à certains jours marqués pour s'occuper d'objets religieux, littéraires, politiques ou autres, ne pourra se former qu'avec l'agrément du Gouvernement, et sous les conditions qu'il plaira à l'autorité publique d'imposer à la société.

Dans le nombre de personnes indiqué par le présent article, ne sont pas comprises celles domiciliées dans la maison où l'association se réunit.

292. Toute association de la nature ci-dessus exprimée qui se sera formée sans autorisation, ou qui, après l'avoir obtenue, aura enfreint les conditions à elle imposées, sera dissoute.

Les chefs, directeurs ou administrateurs de l'association seront en outre punis d'une amende de seize francs à deux cents francs.

293. Si, par discours, exhortations, invocations ou prières, en quelque langue que ce soit, ou par lecture, affiche, publication ou distribution d'écrits quelconques, il a été fait, dans ces assemblées, quelque provocation à des crimes ou à des délits, la peine sera de cent francs à trois cents francs d'amende, et de trois mois à deux ans d'emprisonnement, contre les chefs, directeurs et admi-

nistrateurs de ces associations; sans préjudice des peines plus fortes qui seraient portées par la loi contre les individus personnellement coupables de la provocation, lesquels, en aucun cas, ne pourront être punis d'une peine moindre que celle infligée aux chefs, directeurs et administrateurs de l'association.

294. Tout individu qui, sans la permission de l'autorité municipale, aura accordé ou consenti l'usage de sa maison ou de son appartement, en tout ou en partie, pour la réunion des membres d'une association même autorisée, ou pour l'exercice d'un culte, sera puni d'une amende de seize francs à deux cents francs.

TITRE II.

CRIMES ET DÉLITS CONTRE LES PARTICULIERS.

CHAPITRE I.er

Crimes et Délits contre les personnes.

(Loi décrétée le 17 Février 1810, promulguée le 27 du même mois.)

SECTION I.re

Meurtre et autres Crimes capitaux, Menaces d'attentats contre les Personnes.

§. I.er

Meurtre, Assassinat, Parricide, Infanticide, Empoisonnement.

295. L'homicide commis volontairement est qualifié meurtre.

296. Tout meurtre commis avec préméditation ou de guet-apens, est qualifié assassinat.

297. La préméditation consiste dans le dessein formé, avant l'action, d'attenter à la personne d'un individu déterminé, ou même de celui qui sera trouvé ou rencontré, quand même ce dessein serait dépendant de quelque circonstance ou de quelque condition.

298. Le guet-apens consiste à attendre plus ou moins de temps, dans un ou divers lieux, un individu, soit pour lui donner la mort, soit pour exercer sur lui des actes de violence.

299. Est qualifié parricide le meurtre des pères ou mères légitimes, naturels ou adoptifs, ou de tout autre ascendant légitime.

300. Est qualifié infanticide le meurtre d'un enfant nouveau-né.

301. Est qualifié empoisonnement tout attentat à la vie d'une personne, par l'effet de substances qui peuvent donner la mort plus ou moins promptement, de quelque manière que ces substances aient été employées ou administrées, et quelles qu'en aient été les suites.

302. Tout coupable d'assassinat, de parricide, d'infanticide et d'empoisonnement, sera puni de mort, sans préjudice de la disposition particulière contenue en l'art. 13, relativement au parricide.

303. Seront punis comme coupables d'assassinat, tous malfaiteurs, quelle que soit leur dénomination, qui, pour l'exécution de leurs crimes, emploient des tortures ou commettent des actes de barbarie.

304. Le meurtre emportera la peine de mort, lorsqu'il aura précédé, accompagné ou suivi un autre crime ou délit.

En tout autre cas, le coupable de meurtre sera puni de la peine des travaux forcés à perpétuité.

§. II.

Menaces.

305. Quiconque aura menacé, par écrit anonyme ou signé, d'assassinat, d'empoisonnement, ou de tout autre attentat contre les personnes qui serait punissable de la peine de mort, des travaux forcés à perpétuité; ou de la

déportation, sera puni de la peine des travaux forcés à temps, dans le cas où la menace aurait été faite avec ordre de déposer une somme d'argent dans un lieu indiqué ou de remplir toute autre condition.

306. Si cette menace n'a été accompagnée d'aucun ordre ou condition, la peine sera d'un emprisonnement de deux ans au moins et de cinq ans au plus, et d'une amende de cent francs à six cents francs.

307. Si la menace faite avec ordre ou sous condition a été verbale, le coupable sera puni d'un emprisonnement de six mois à deux ans, et d'une amende de vingt-cinq francs à trois cents francs.

308. Dans les cas prévus par les deux précédens articles, le coupable pourra de plus être mis, par l'arrêt ou le jugement, sous la surveillance de la haute police pour cinq ans au moins et dix ans au plus.

SECTION II.

Blessures et Coups volontaires non qualifiés Meurtre, et autres Crimes et Délits volontaires.

309. Sera puni de la peine de la reclusion, tout individu qui aura fait des blessures ou porté des coups, s'il est résulté de ces actes de violence une maladie ou incapacité de travail personnel pendant plus de vingt jours.

310. Si le crime mentionné au précédent article a été commis avec préméditation ou guet-apens, la peine sera celle des travaux forcés à temps.

311. Lorsque les blessures ou les coups n'auront occasionné aucune maladie ni incapacité de travail personnel de l'espèce mentionnée en l'article 309, le coupable sera puni d'un emprisonnement d'un mois à deux ans, et d'une amende de seize francs à deux cents francs.

S'il y a eu préméditation ou guet-apens, l'emprisonnement sera de deux ans à cinq ans, et l'amende de cinquante francs à cinq cents francs.

312. Dans les cas prévus par les articles 309, 310 et 311, si le coupable a commis le crime envers ses père ou mère légitimes, naturels ou adoptifs, ou autres ascendans légitimes, il sera puni ainsi qu'il suit :

Si l'article auquel le cas se référera prononce l'emprisonnement et l'amende, le coupable subira la peine de la reclusion ;

Si l'article prononce la peine de la reclusion, il subira celle des travaux forcés à temps ;

Si l'article prononce la peine des travaux forcés à temps, il subira celle des travaux forcés à perpétuité.

313. Les crimes et les délits prévus dans la présente section et dans la section précédente, s'ils sont commis en réunion séditieuse, avec rebellion ou pillage, sont imputables aux chefs, auteurs, instigateurs et provocateurs de ces réunions, rebellions ou pillages, qui seront punis comme coupables de ces crimes ou de ces délits, et condamnés aux mêmes peines que ceux qui les auront personnellement commis.

314. Tout individu qui aura fabriqué ou débité des stylets, tromblons ou quelque espèce que ce soit d'armes prohibées par la loi ou par des réglemens d'administration publique, sera puni d'un emprisonnement de six jours à six mois.

Celui qui sera porteur desdites armes, sera puni d'une amende de seize francs à deux cents francs.

Dans l'un et l'autre cas, les armes seront confisquées.

Le tout sans préjudice de plus forte peine, s'il y échet, en cas de complicité de crime.

315. Outre les peines correctionnelles mentionnées dans les articles précédens, les tribunaux pourront prononcer le renvoi sous la surveillance de la haute police depuis deux ans jusqu'à dix ans.

316. Toute personne coupable du crime de castration, subira la peine des travaux forcés à perpétuité.

Si la mort en est résultée avant l'expiration des quarante jours qui auront suivi le crime, le coupable subira la peine de mort.

317. Quiconque, par alimens, breuvages, médicamens, violences, ou par tout autre moyen, aura procuré l'avortement d'une femme enceinte, soit qu'elle y ait consenti ou non, sera puni de la reclusion.

La même peine sera prononcée contre la femme qui se sera procuré l'avortement à elle-même, ou qui aura consenti à faire usage des moyens à elle indiqués ou administrés à cet effet, si l'avortement s'en est ensuivi.

Les médecins, chirurgiens et autres officiers de santé, ainsi que les pharmaciens qui auront indiqué ou administré ces moyens, seront condamnés à la peine des travaux forcés à temps, dans le cas où l'avortement aurait eu lieu.

318. Quiconque aura vendu ou débité des boissons falsifiées, contenant des mixtions nuisibles à la santé, sera puni d'un emprisonnement de six jours à deux ans, et d'une amende de seize francs à cinq cents francs.

Seront saisies et confisquées les boissons falsifiées trouvées appartenir au vendeur ou débitant.

SECTION III.

Homicide, Blessures et Coups involontaires; Crimes et Délits excusables, et Cas où ils ne peuvent être excusés; Homicide, Blessures et Coups qui ne sont ni crimes ni délits.

§. I.er

Homicide, Blessures et Coups involontaires.

319. Quiconque, par maladresse, imprudence, inattention, négligence ou inobservation des réglemens, aura commis involontairement un homicide, ou en aura involontairement été la cause, sera puni d'un emprisonnement de trois mois à deux ans, et d'une amende de cinquante francs à six cents francs.

320. S'il n'est résulté du défaut d'adresse ou de précantion que des blessures ou coups, l'emprisonnement sera de six jours à deux mois, et l'amende sera de seize francs à cent francs.

§. II.

Crimes et Délits excusables, et Cas où ils ne peuvent être excusés.

321. Le meurtre, ainsi que les blessures et les coups sont excusables, s'ils ont été provoqués par des coups ou violences graves envers les personnes.

322. Les crimes et délits mentionnés au précédent article sont également excusables, s'ils ont été commis en repoussant pendant le jour l'escalade ou l'effraction des clôtures, murs ou entrée d'une maison ou d'un appartement habité ou de leurs dépendances.

Si le fait est arrivé pendant la nuit, ce cas est réglé par l'article 329.

323. Le parricide n'est jamais excusable.

324. Le meurtre commis par l'époux sur l'épouse, ou par celle-ci sur son époux, n'est pas excusable, si la vie de l'époux ou de l'épouse qui a commis le meurtre n'a pas été mise en péril dans le moment même où le meurtre a eu lieu.

Néanmoins, dans le cas d'adultère, prévu par l'article 336, le meurtre commis par l'époux sur son épouse, ainsi que sur le complice, à l'instant où il les surprend en flagrant délit dans la maison conjugale, est excusable.

325. Le crime de castration, s'il a été immédiatement provoqué par un outrage violent à la pudeur, sera considéré comme meurtre ou blessures excusables.

326. Lorsque le fait d'excuse sera prouvé,

S'il s'agit d'un crime emportant la peine de mort, ou celle des travaux forcés à perpétuité, ou celle de la déportation, la peine sera réduite à un emprisonnement d'un an à cinq ans;

S'il s'agit de tout autre crime, elle sera réduite à un emprisonnement de six mois à deux ans ;

Dans ces deux premiers cas, les coupables pourront de plus être mis par l'arrêt ou le jugement sous la surveillance de la haute police pendant cinq ans au moins et dix ans au plus.

S'il s'agit d'un délit, la peine sera réduite à un emprisonnement de six jours à six mois.

§. III.

Homicide, Blessures et Coups non qualifiés crimes ni délits.

327. Il n'y a ni crime ni délit, lorsque l'homicide, les blessures et les coups étaient ordonnés par la loi et commandés par l'autorité legitime.

328. Il n'y a ni crime ni délit, lorsque l'homicide, les blessures et les coups étaient commandés par la nécessité actuelle de la légitime défense de soi-même ou d'autrui.

329. Sont compris dans les cas de nécessité actuelle de défense, les deux cas suivans :

1.° Si l'homicide a été commis, si les blessures ont été faites, ou si les coups ont été portés en repoussant pendant la nuit l'escalade ou l'effraction des clôtures, murs ou entrée d'une maison ou d'un appartement habité ou de leurs dépendances ;

2.° Si le fait a eu lieu en se défendant contre les auteurs de vols ou de pillages exécutés avec violence.

SECTION IV.

Attentats aux mœurs.

330. Toute personne qui aura commis un outrage public à la pudeur, sera punie d'un emprisonnement de trois mois à un an, et d'une amende de seize francs à deux cents francs.

331. Quiconque aura commis le crime de viol, ou sera coupable de tout autre attentat à la pudeur, consommé ou tenté avec violence contre les individus de l'un ou de l'autre sexe, sera puni de la reclusion.

532. Si le crime a été commis sur la personne d'un enfant au-dessous de l'âge de quinze ans accomplis, le coupable subira la peine des travaux forcés à temps.

533. La peine sera celle des travaux forcés à perpétuité, si les coupables sont de la classe de ceux qui ont autorité sur la personne envers laquelle ils ont commis l'attentat, s'ils sont ses instituteurs ou ses serviteurs à gages, ou s'ils sont fonctionnaires publics, ou ministres d'un culte, ou si le coupable, quel qu'il soit, a été aidé dans son crime par une ou plusieurs personnes.

534. Quiconque aura attenté aux mœurs, en excitant, favorisant ou facilitant habituellement la débauche ou la corruption de la jeunesse de l'un ou de l'autre sexe au-dessous de l'âge de vingt-un ans, sera puni d'un emprisonnement de six mois à deux ans, et d'une amende de cinquante francs à cinq cents francs.

Si la prostitution ou la corruption a été excitée, favorisée ou facilitée par leurs pères, mères, tuteurs ou autres personnes chargées de leur surveillance, la peine sera de deux ans à cinq ans d'emprisonnement, et de trois cents francs à mille francs d'amende.

535. Les coupables du délit mentionné au précédent article, seront interdits de toute tutelle et curatelle, et de toute participation aux conseils de famille; savoir, les individus auxquels s'applique le premier paragraphe de cet article, pendant deux ans au moins et cinq ans au plus, et ceux dont il est parlé au second paragraphe, pendant dix ans au moins et vingt ans au plus.

Si le délit a été commis par le père ou la mère, le coupable sera de plus privé des droits et avantages à lui accordés sur la personne et les biens de l'enfant par le Code Napoléon, livre I.er, titre IX *de la Puissance paternelle.*

Dans tous les cas, les coupables pourront de plus être mis, par l'arrêt ou le jugement, sous la surveillance de la haute police, en observant, pour la durée de la surveillance, ce qui vient d'être établi pour la durée de l'interdiction mentionnée au présent article.

336. L'adultère de la femme ne pourra être dénoncé que par le mari : cette faculté même cessera, s'il est dans le cas prévu par l'article 339.

337. La femme convaincue d'adultère subira la peine de l'emprisonnement pendant trois mois au moins et deux ans au plus.

Le mari restera le maître d'arrêter l'effet de cette condamnation, en consentant à reprendre sa femme.

338. Le complice de la femme adultère sera puni de l'emprisonnement pendant le même espace de temps, et, en outre, d'une amende de cent francs à deux mille fr.

Les seules preuves qui pourront être admises contre le prévenu de complicité, seront, outre le flagrant délit, celles résultant de lettres ou autres pièces écrites par le prévenu.

339. Le mari qui aura entretenu une concubine dans la maison conjugale, et qui aura été convaincu sur la plainte de la femme, sera puni d'une amende de cent fr. à deux mille francs.

340. Quiconque étant engagé dans les liens du mariage en aura contracté un autre avant la dissolution du précédent, sera puni de la peine des travaux forcés à temps.

L'officier public qui aura prêté son ministère à ce mariage, connaissant l'existence du précédent, sera condamné à la même peine.

SECTION V.

Arrestations illégales et Séquestrations de personnes.

341. Seront punis de la peine des travaux forcés à temps, ceux qui, sans ordre des autorités constituées et hors les cas où la loi ordonne de saisir des prévenus, auront arrêté, détenu ou séquestré des personnes quelconques.

Quiconque aura prêté un lieu pour exécuter la détention ou séquestration, subira la même peine.

342. Si la détention ou séquestration a duré plus d'un mois, la peine sera celle des travaux forcés à perpétuité.

343. La peine sera réduite à l'emprisonnement de deux ans à cinq ans, si les coupables des délits mentionnés en l'article 341, non encore poursuivis de fait, ont rendu la liberté à la personne arrêtée, séquestrée ou détenue, avant le dixième jour accompli depuis celui de l'arrestation, détention ou séquestration. Ils pourront néanmoins être renvoyés sous la surveillance de la haute police depuis cinq ans jusqu'à dix ans.

344. Dans chacun des trois cas suivans,

1.º Si l'arrestation a été exécutée avec le faux costume, sous un faux nom, ou sur un faux ordre de l'autorité publique;

2.º Si l'individu arrêté, détenu ou séquestré, a été menacé de la mort;

3.º S'il a été soumis à des tortures corporelles,

Les coupables seront punis de mort.

SECTION VI.

Crimes et Délits tendant à empêcher ou détruire la preuve de l'état civil d'un Enfant, ou à compromettre son existence; Enlèvement de mineurs; Infraction aux lois sur les Inhumations.

§. I.er

Crimes et Délits envers l'Enfant.

345. Les coupables d'enlèvement, de recélé ou de suppression d'un enfant, de substitution d'un enfant à un autre, ou de supposition d'un enfant à une femme qui ne sera pas accouchée, seront punis de la reclusion.

La même peine aura lieu contre ceux qui, étant chargés d'un enfant, ne le représenteront point aux personnes qui ont le droit de le réclamer.

346. Toute personne qui, ayant assisté à un accouchement, n'aura pas fait la déclaration à elle prescrite par l'article 56 du Code Napoléon, et dans le délai fixé par l'article 55 du même Code, sera punie d'un emprisonnement de six jours à six mois, et d'une amende de seize francs à trois cents francs.

347. Toute personne qui, ayant trouvé un enfant nouveau-né, ne l'aura pas remis à l'officier de l'état civil, ainsi qu'il est prescrit par l'article 58 du Code Napoléon, sera punie des peines portées au précédent article.

La présente disposition n'est point applicable à celui qui aurait consenti à se charger de l'enfant, et qui aurait fait sa déclaration à cet égard devant la municipalité du lieu où l'enfant a été trouvé.

348. Ceux qui auront porté à un hospice un enfant au-dessous de l'âge de sept ans accomplis, qui leur aurait été confié afin qu'ils en prissent soin ou pour toute autre cause, seront punis d'un emprisonnement de six semaines à six mois, et d'une amende de seize francs à cinquante francs.

Toutefois aucune peine ne sera prononcée, s'ils n'étaient pas tenus ou ne s'étaient pas obligés de pourvoir gratuitement à la nourriture et à l'entretien de l'enfant, et si personne n'y avait pourvu.

349. Ceux qui auront exposé et délaissé en un lieu solitaire un enfant au-dessous de l'âge de sept ans accomplis ; ceux qui auront donné l'ordre de l'exposer ainsi, si cet ordre a été exécuté, seront, pour ce seul fait, condamnés à un emprisonnement de six mois à deux ans, et à une amende de seize francs à deux cents francs.

350 La peine portée au précédent article sera de deux ans à cinq ans, et l'amende de cinquante francs à quatre cents francs, contre les tuteurs ou tutrices, instituteurs ou institutrices de l'enfant exposé et délaissé par eux ou par leur ordre.

351. Si, par suite de l'exposition et du délaissement prévus par les articles 349 et 350, l'enfant est demeuré mutilé ou estropié, l'action sera considérée comme blessures volontaires à lui faites par la personne qui l'a exposé et délaissé; et si la mort s'en est ensuivie, l'action sera considérée comme meurtre: au premier cas, les coupables subiront la peine applicable aux blessures volontaires; et au second cas, celle du meurtre.

352. Ceux qui auront exposé et délaissé en un lieu non solitaire un enfant au-dessous de l'âge de sept ans accomplis, seront punis d'un emprisonnement de trois mois à un an, et d'une amende de seize francs à cent francs.

353. Le délit prévu par le précédent article sera puni d'un emprisonnement de six mois à deux ans, et d'une amende de vingt-cinq francs à deux cents francs, s'il a été commis par les tuteurs ou tutrices, instituteurs ou institutrices de l'enfant.

§. II.

Enlèvement de mineurs.

354. Quiconque aura, par fraude ou violence, enlevé ou fait enlever des mineurs, ou les aura entraînés, détournés ou déplacés, ou les aura fait entraîner, détourner ou déplacer des lieux où ils étaient mis par ceux à l'autorité ou à la direction desquels ils étaient soumis ou confiés, subira la peine de la réclusion.

355. Si la personne ainsi enlevée ou détournée est une fille au-dessous de seize ans accomplis, la peine sera celle des travaux forcés à temps.

356. Quand la fille au-dessous de seize ans aurait consenti à son enlèvement ou suivi volontairement le ravisseur, si celui-ci était majeur de vingt-un ans ou au-dessus, il sera condamné aux travaux forcés à temps.

Si le ravisseur n'avait pas encore vingt-un ans, il sera puni d'un emprisonnement de deux à cinq ans.

357. Dans le cas où le ravisseur aurait épousé la fille qu'il a enlevée, il ne pourra être poursuivi que sur la plainte des personnes qui, d'après le Code Napoléon, ont le droit de demander la nullité du mariage, ni condamné qu'après que la nullité du mariage aura été prononcée.

§. III.

Infraction aux lois sur les Inhumations.

358. Ceux qui, sans l'autorisation préalable de l'officier public, dans le cas où elle est prescrite, auront fait inhumer un individu décédé, seront punis de six jours à deux mois d'emprisonnement, et d'une amende de seize francs à cinquante francs ; sans préjudice de la poursuite des crimes dont les auteurs de ce délit pourraient être prévenus dans cette circonstance.

La même peine aura lieu contre ceux qui auront contrevenu, de quelque manière que ce soit, à la loi et aux réglemens relatifs aux inhumations précipitées.

359. Quiconque aura recélé ou caché le cadavre d'une personne homicidée ou morte des suites de coups ou blessures, sera puni d'un emprisonnement de six mois à deux ans, et d'une amende de cinquante francs à quatre cents francs ; sans préjudice de peines plus graves, s'il a participé au crime.

360. Sera puni d'un emprisonnement de trois mois à un an, et de seize francs à deux cents francs d'amende, quiconque se sera rendu coupable de violation de tombeaux ou de sépultures, sans préjudice des peines contre les crimes ou les délits qui seraient joints à celui-ci.

SECTION VII.

Faux témoignage, Calomnie, Injures, Révélation de secrets.

§. I.er

Faux témoignage.

361. Quiconque sera coupable de faux témoignage en matière criminelle, soit contre l'accusé, soit en sa faveur, sera puni de la peine des travaux forcés à temps.

Si néanmoins l'accusé a été condamné à une peine plus forte que celle des travaux forcés à temps, le faux témoin qui a déposé contre lui, subira la même peine.

362. Quiconque sera coupable de faux témoignage en matière correctionnelle ou de police, soit contre le prévenu, soit en sa faveur, sera puni de la reclusion.

363. Le coupable de faux témoignage en matière civile, sera puni de la peine portée au précédent article.

364. Le faux témoin en matière correctionnelle, de police ou civile, qui aura reçu de l'argent, une récompense quelconque ou des promesses, sera puni des travaux forcés à temps.

Dans tous les cas, ce que le faux témoin aura reçu sera confisqué.

365. Le coupable de subornation de témoins sera condamné à la peine des travaux forcés à temps, si le faux témoignage qui en a été l'objet emporte la peine de la reclusion; aux travaux forcés à perpétuité, lorsque le faux témoignage emportera la peine des travaux forcés à temps, ou celle de la déportation; et à la peine de mort, lorsqu'il emportera celle des travaux forcés à perpétuité ou la peine capitale.

366. Celui à qui le serment aura été déféré ou référé en matière civile, et qui aura fait un faux serment, sera puni de la dégradation civique.

§. II.

Calomnie, Injures, Révélation de secrets.

367. Sera coupable du délit de calomnie, celui qui, soit dans des lieux ou réunions publics, soit dans un acte authentique et public, soit dans un écrit imprimé ou non qui aura été affiché, vendu ou distribué, aura imputé à un individu quelconque des faits qui, s'ils existaient, exposeraient celui contre lequel ils sont articulés à des poursuites criminelles ou correctionnelles, ou même l'exposeraient seulement au mépris ou à la haine des citoyens.

La présente disposition n'est point applicable aux faits dont la loi autorise la publicité, ni à ceux que l'auteur de l'imputation était, par la nature de ses fonctions ou de ses devoirs, obligé de révéler ou de réprimer.

368. Est réputée fausse, toute imputation à l'appui de laquelle la preuve légale n'est point rapportée. En conséquence, l'auteur de l'imputation ne sera pas admis, pour sa défense, à demander que la preuve en soit faite : il ne pourra pas non plus alléguer comme moyen d'excuse que les pièces ou les faits sont notoires, ou que les imputations qui donnent lieu à la poursuite sont copiées ou extraites de papiers étrangers, ou d'autres écrits imprimés.

369. Les calomnies mises au jour par la voie de papiers étrangers, pourront être poursuivies contre ceux qui auront envoyé les articles ou donné l'ordre de les insérer, ou contribué à l'introduction ou à la distribution de ces papiers en France.

370. Lorsque le fait imputé sera légalement prouvé vrai, l'auteur de l'imputation sera à l'abri de toute peine.

Ne sera considérée comme preuve légale, que celle qui résultera d'un jugement, ou de tout autre acte authentique.

371. Lorsque la preuve légale ne sera pas rapportée, le calomniateur sera puni des peines suivantes :

Si le fait imputé est de nature à mériter la peine de mort, les travaux forcés à perpétuité ou la déportation, le coupable sera puni d'un emprisonnement de deux à cinq ans, et d'une amende de deux cents francs à cinq mille francs.

Dans tous les autres cas, l'emprisonnement sera d'un mois à six mois, et l'amende de cinquante francs à deux mille francs.

372. Lorsque les faits imputés seront punissables suivant la loi, et que l'auteur de l'imputation les aura dénoncés, il sera, durant l'instruction sur ces faits, sursis à la poursuite et au jugement du délit de calomnie.

373. Quiconque aura fait par écrit une dénonciation calomnieuse contre un ou plusieurs individus, aux officiers de justice ou de police administrative ou judiciaire, sera puni d'un emprisonnement d'un mois à un an, et d'une amende de cent francs à trois mille francs.

374. Dans tous les cas, le calomniateur sera, à compter du jour où il aura subi sa peine, interdit pendant cinq ans au moins et dix ans au plus des droits mentionnés en l'article 42 du présent Code.

375. Quant aux injures ou aux expressions outrageantes qui ne renfermeraient l'imputation d'aucun fait précis, mais celle d'un vice déterminé, si elles ont été proférés dans des lieux ou réunions publics, ou insérées dans des écrits imprimés ou non, qui auraient été répandus et distribués, la peine sera une amende de seize francs à cinq cents francs.

376. Toutes autres injures ou expressions outrageantes qui n'auront pas eu ce double caractère de gravité et de publicité, ne donneront lieu qu'à des peines de simple police.

377. A l'égard des imputations et des injures qui seraient contenues dans les écrits relatifs à la défense des parties, ou dans les plaidoyers, les juges saisis de la contestation pourront, en jugeant la cause, ou prononcer la suppression des injures ou des écrits injurieux, ou faire des injonctions aux auteurs du délit, ou les suspendre de leurs fonctions, et statuer sur les dommages-intérêts.

La durée de cette suspension ne pourra excéder six mois: en cas de récidive, elle sera d'un an au moins et de cinq ans au plus.

Si les injures ou écrits injurieux portent le caractère de calomnie grave, et que les juges saisis de la contestation ne puissent connaître du délit, ils ne pourront prononcer contre les prévenus qu'une suspension provisoire de leurs fonctions, et les renverront, pour le jugement du délit devant les juges compétens.

378. Les médecins, chirurgiens et autres officiers de santé, ainsi que les pharmaciens, les sages-femmes, et toutes autres personnes dépositaires, par état ou profession, des secrets qu'on leur confie, qui hors le cas où la loi les oblige à se porter dénonciateurs, auront révélé ces secrets, seront punis d'un emprisonnement d'un mois à six mois, et d'une amende de cent francs à cinq cents francs.

CHAPITRE II.

Crimes et Délits contre les propriétés.

(Loi décrétée le 19 Février 1810, promulguée le 1er Mars suivant.)

SECTION I.re

Vol.

379. Quiconque a soustrait frauduleusement une chose qui ne lui appartient pas, est coupable de vol.

380. Les soustractions commises par des maris au préjudice de leurs femmes, par des femmes au préjudice de leurs maris, par un veuf ou une veuve quant aux choses

qui avaient appartenu à l'époux décédé, par des enfans ou autres descendans au préjudice de leurs pères ou mères ou autres ascendans, par des pères et mères ou autres ascendans au préjudice de leurs enfans ou autres descendans, ou par des alliés aux mêmes degrés, ne pourront donner lieu qu'à des réparations civiles.

À l'égard de tous autres individus qui auraient recélé ou appliqué à leur profit tout ou partie des objets volés, ils seront punis comme coupables de vol.

381. Seront punis de la peine de mort, les individus coupables de vols commis avec la réunion des cinq circonstances suivantes :

1.° Si le vol a été commis la nuit ;

2.° S'il a été commis par deux ou plusieurs personnes ;

3.° Si les coupables ou l'un d'eux étaient porteurs d'armes apparentes ou cachées ;

4.° S'ils ont commis le crime soit à l'aide d'effraction extérieure ou d'escalade ou de fausses clefs, dans une maison, appartement, chambre ou logement habités ou servant à l'habitation, ou leurs dépendances, soit en prenant le titre d'un fonctionnaire public ou d'un officier civil ou militaire, ou après s'être revêtus de l'uniforme ou du costume du fonctionnaire ou de l'officier, ou en alléguant un faux ordre de l'autorité civile ou militaire ;

5.° S'ils ont commis le crime avec violence ou menace de faire usage de leurs armes.

382. Sera puni de la peine des travaux forcés à perpétuité, tout individu coupable de vol commis à l'aide de violence, et, de plus, avec deux des quatre premières circonstances prévues par le précédent article.

Si même la violence à l'aide de laquelle le vol a été commis, a laissé des traces de blessures ou de contusions, cette circonstance seule suffira pour que la peine des travaux forcés à perpétuité soit prononcée.

383. Les vols commis dans les chemins publics, emporteront également la peine des travaux forcés à perpétuité.

384. Sera puni de la peine des travaux forcés à temps, tout individu coupable de vol commis à l'aide d'un des moyens énoncés dans le n.° 4 de l'article 381, même quoique l'effraction, l'escalade et l'usage des fausses clefs aient eu lieu dans des édifices, parcs ou enclos non servant à l'habitation et non dépendans des maisons habitées, et lors même que l'effraction n'aurait été qu'intérieure.

385. Sera également puni de la peine des travaux forcés à temps, tout individu coupable de vol commis, soit avec violence, lorsqu'elle n'aura laissé aucune trace de blessure ou de contusion, et qu'elle ne sera accompagnée d'aucune autre circonstance, soit sans violence, mais avec la réunion des trois circonstances suivantes :

1.° Si le vol a été commis la nuit ;

2.° S'il a été commis par deux ou plusieurs personnes ;

3.° Si le coupable, ou l'un des coupables, était porteur d'armes apparentes ou cachées.

386. Sera puni de la peine de la reclusion, tout individu coupable de vol commis dans l'un des cas ci-après :

1.° Si le vol a été commis la nuit, et par deux ou plusieurs personnes, ou s'il a été commis avec une de ces deux circonstances seulement, mais en même temps dans un lieu habité ou servant à l'habitation ;

2.° Si le coupable, ou l'un des coupables, était porteur d'armes apparentes ou cachées, même quoique le lieu où le vol a été commis ne fût ni habité ni servant à l'habitation, et encore quoique le vol ait été commis le jour et par une seule personne ;

3.° Si le voleur est un domestique ou un homme de service à gages, même lorsqu'il aura commis le vol envers des personnes qu'il ne servait pas, mais qui se trouvaient soit dans la maison de son maître, soit dans celle où il l'accompagnait; ou si c'est un ouvrier, compagnon ou apprenti, dans la maison, l'atelier ou le magasin de son maître, ou un individu travaillant habituellement dans l'habitation, où il aura volé;

4.º Si le vol a été commis par un aubergiste, un hôtelier, un voiturier, un batelier ou un de leurs préposés, lorsqu'ils auront volé tout ou partie des choses qui leur étaient confiées à ce titre; ou enfin, si le coupable a commis le vol dans l'auberge ou l'hôtellerie dans laquelle il était reçu.

387. Les voituriers, bateliers ou leurs préposés, qui auront altéré des vins, ou toute autre espèce de liquide ou de marchandises dont le transport leur avait été confié, et qui auront commis cette altération par le mélange de substances malfaisantes, seront punis de la peine portée au précédent article.

S'il n'y a pas eu mélange de substances malfaisantes, la peine sera un emprisonnement d'un mois à un an, et une amende de seize francs à cent francs.

388. Quiconque aura volé, dans les champs, des chevaux, ou bêtes de charge, de voiture ou de monture, gros et menus bestiaux, des instrumens d'agriculture, des récoltes ou meules de grains faisant partie de récoltes, sera puni de la reclusion.

Il en sera de même à l'égard des vols de bois dans les ventes, et de pierres dans les carrières; ainsi qu'à l'égard du vol de poisson en étang, vivier ou réservoir.

389. La même peine aura lieu, si pour commettre un vol il y a eu enlèvement ou déplacement de bornes servant de séparation aux propriétés.

390. Est réputé *maison habitée*, tout bâtiment, logement, loge, cabane même mobile, qui, sans être actuellement habité, est destiné à l'habitation, et tout ce qui en dépend, comme cours, basses-cours, granges, écuries, édifices qui y sont enfermés, quel qu'en soit l'usage, et

quand même ils auraient une clôture particulière dans la clôture ou enceinte générale.

391. Est réputé *parc* ou *enclos*, tout terrain environné de fossés, de pieux, de claies, de planches, de haies vives ou sèches, ou de murs, de quelque espèce de matériaux que ce soit, quelles que soient la hauteur, la profondeur, la vétusté, la dégradation de ces diverses clôtures, quand il n'y aurait pas de porte fermant à clef ou autrement, ou quand la porte serait à claire-voie et ouverte habituellement.

392. Les parcs mobiles destinés à contenir du bétail dans la campagne, de quelque matière qu'ils soient faits, sont aussi réputés enclos; et lorsqu'ils tiennent aux cabanes mobiles ou autres abris destinés aux gardiens, ils sont réputés dépendans de maison habitée.

393. Est qualifié *effraction*, tout forcement, rupture, dégradation, démolition, enlèvement de murs, toits, planchers, portes, fenêtres, serrures, cadenas, ou autres ustensiles ou instrumens, servant à fermer ou à empêcher le passage, et de toute espèce de clôture, quelle qu'elle soit.

394. Les effractions sont extérieures ou intérieures.

395. Les effractions extérieures sont celles à l'aide desquelles on peut s'introduire dans les maisons, cours, basses-cours, enclos ou dépendances, ou dans les appartemens ou logemens particuliers.

396. Les effractions intérieures sont celles qui, après l'introduction dans les lieux mentionnés en l'article précédent, sont faites aux portes ou clôtures du dedans, ainsi qu'aux armoires ou autres meubles fermés.

Est compris dans la classe des effractions intérieures, le simple enlèvement des caisses, boîtes, ballots sous toile et corde, et autres meubles fermés, qui contiennent des effets quelconques, bien que l'effraction n'ait pas été faite sur le lieu.

397. Est qualifiée *escalade*, toute entrée dans les maisons, bâtimens, cours, basses-cours, édifices quelconques, jardins, parcs et enclos, exécutée par-dessus les murs, portes, toitures ou toute autre clôture.

L'entrée par une ouverture souterraine, autre que celle qui a été établie pour servir d'entrée, est une circonstance de même gravité que l'escalade.

398. Sont qualifiés *fausses clefs*, tous crochets, rossignols, passe-partout, clefs imitées, contrefaites, altérées, ou qui n'ont pas été destinées par le propriétaire, locataire, aubergiste ou logeur, aux serrures, cadenas ou aux fermetures quelconques auxquelles le coupable les aura employées.

399. Quiconque aura contrefait ou altéré des clefs, sera condamné à un emprisonnement de trois mois à deux ans, et à une amende de vingt-cinq francs à cent cinquante francs.

Si le coupable est un serrurier de profession, il sera puni de la reclusion.

Le tout sans préjudice de plus fortes peines, s'il y échet, en cas de complicité de crime.

400. Quiconque aura extorqué par force, violence ou contrainte, la signature ou la remise d'un écrit, d'un acte, d'un titre, d'une pièce quelconque contenant ou opérant obligation, disposition ou décharge, sera puni de la peine des travaux forcés à temps.

401. Les autres vols non spécifiés dans la présente section, les larcins et filouteries, ainsi que les tentatives de ces mêmes délits, seront punis d'un emprisonnement d'un an au moins et de cinq ans au plus, et pourront même l'être d'une amende qui sera de seize francs au moins et de cinq cents francs au plus.

Les coupables pourront encore être interdits des droits mentionnés en l'article 42 du présent Code, pendant cinq ans au moins et dix ans au plus, à compter du jour où ils auront subi leur peine.

Ils pourront aussi être mis, par l'arrêt ou le jugement, sous la surveillance de la haute police pendant le même nombre d'années.

SECTION II.

Banqueroutes, Escroqueries, et autres espèces de Fraude.

§. I.er

Banqueroute et Escroquerie.

402. Ceux qui, dans les cas prévus par le Code de commerce, seront déclarés coupables de banqueroute, seront punis ainsi qu'il suit :

Les banqueroutiers frauduleux seront punis de la peine des travaux forcés à temps;

Les banqueroutiers simples seront punis d'un emprisonnement d'un mois au moins et de deux ans au plus.

403. Ceux qui, conformément au Code de commerce, seront déclarés complices de banqueroute frauduleuse, seront punis de la même peine que les banqueroutiers frauduleux.

404. Les agens de change et courtiers qui auront fait faillite, seront punis de la peine des travaux forcés à temps : s'ils sont convaincus de banqueroute frauduleuse, la peine sera celle des travaux forcés à perpétuité.

405. Quiconque, soit en faisant usage de faux noms ou de fausses qualités, soit en employant des manœuvres frauduleuses pour persuader l'existence de fausses entreprises, d'un pouvoir ou d'un crédit imaginaire, ou pour faire naître l'espérance ou la crainte d'un succès, d'un accident ou de tout autre événement chimérique, se sera fait remettre ou délivrer des fonds, des meubles ou des obligations, dispositions, billets, promesses, quittances ou

décharges, et aura, par un de ces moyens, escroqué ou tenté d'escroquer la totalité ou partie de la fortune d'autrui, sera puni d'un emprisonnement d'un an au moins et de cinq ans au plus, et d'une amende de cinquante francs au moins et de trois mille francs au plus.

Le coupable pourra être, en outre, à compter du jour où il aura subi sa peine, interdit, pendant cinq ans au moins et dix ans au plus, des droits mentionnés en l'art. 42 du présent Code : le tout sauf les peines plus graves, s'il y a crime de faux.

§. II.
Abus de confiance.

406. Quiconque aura abusé des besoins, des faiblesses ou des passions d'un mineur, pour lui faire souscrire, à son préjudice, des obligations, quittances ou décharges, pour prêt d'argent ou de choses mobilières, ou d'effets de commerce, ou de tous autres effets obligatoires, sous quelque forme que cette négociation ait été faite ou déguisée, sera puni d'un emprisonnement de deux mois au moins, de deux ans au plus, et d'une amende qui ne pourra excéder le quart des restitutions et des dommages-intérêts qui seront dus aux parties lésées, ni être moindre de vingt-cinq francs.

La disposition portée au second paragraphe du précédent article, pourra de plus être appliquée.

407. Quiconque, abusant d'un blanc-seing qui lui aura été confié, aura frauduleusement écrit au-dessus une obligation ou décharge, ou tout autre acte pouvant compromettre la personne ou la fortune du signataire, sera puni des peines portées en l'article 405.

Dans le cas où le blanc-seing ne lui aurait pas été confié, il sera poursuivi comme faussaire et puni comme tel.

408. Quiconque aura détourné ou dissipé, au préjudice du propriétaire, possesseur ou détenteur, des effets,

deniers, marchandises, billets, quittances ou tous autres écrits contenant ou opérant obligation ou décharge, qui ne lui auraient été remis qu'à titre de dépôt ou pour un travail salarié, à la charge de les rendre ou représenter, ou d'en faire un usage ou un emploi déterminé, sera puni des peines portées dans l'art. 406.

Le tout sans préjudice de ce qui est dit aux articles 254, 255 et 256, relativement aux soustractions et enlèvemens de deniers, effets ou pièces, commis dans les dépôts publics.

409. Quiconque, après avoir produit dans une contestation judiciaire quelque titre, pièce ou mémoire, l'aura soustrait de quelque manière que ce soit, sera puni d'une amende de vingt-cinq francs à trois cents francs.

Cette peine sera prononcée par le tribunal saisi de la contestation.

§. III.

Contravention aux Réglemens sur les maisons de jeu, les loteries, et les maisons de prêt sur gages.

410. Ceux qui auront tenu une maison de jeux de hasard, et y auront admis le public, soit librement, soit sur la présentation des intéressés ou affiliés, les banquiers de cette maison, tous ceux qui auront établi ou tenu des loteries non autorisées par la loi, tous administrateurs, préposés ou agens de ces établissemens, seront punis d'un emprisonnement de deux mois au moins et de six mois au plus, et d'une amende de cent francs à six mille francs.

Les coupables pourront être de plus, à compter du jour où ils auront subi leur peine, interdits, pendant cinq ans au moins et dix ans au plus, des droits mentionnés en l'article 42 du présent Code.

Dans tous les cas, seront confisqués tous les fonds ou effets qui seront trouvés exposés au jeu ou mis à la loterie, les meubles, instrumens, ustensiles, appareils employés, ou destinés au service des jeux ou des loteries, les meubles et les effets mobiliers dont les lieux seront garnis ou décorés.

411. Ceux qui auront, établi ou tenu des maisons de prêt sur gages ou nantissement, sans autorisation légale, ou qui, ayant une autorisation, n'auront pas tenu un registre conforme aux règlemens, contenant de suite, sans aucun blanc ni interligne, les sommes ou les objets prêtés, les noms, domicile et profession des emprunteurs, la nature, la qualité, la valeur des objets mis en nantissement, seront punis d'un emprisonnement de quinze jours au moins, de trois mois au plus, et d'une amende de cent francs à deux mille francs.

§. IV.

Entraves apportées à la liberté des Enchères.

412. Ceux qui, dans les adjudications de la propriété, de l'usufruit ou de la location des choses mobilières ou immobilières, d'une entreprise, d'une fourniture, d'une exploitation ou d'un service quelconque, auront entravé ou troublé la liberté des enchères ou des soumissions, par voies de fait, violences ou menaces, soit avant, soit pendant les enchères ou les soumissions, seront punis d'un emprisonnement de quinze jours au moins, de trois mois au plus, et d'une amende de cent francs au moins et de cinq mille francs au plus.

La même peine aura lieu contre ceux qui, par dons ou promesses, auront écarté les enchérisseurs.

§. V.

Violation des Règlemens relatifs aux manufactures, au commerce et aux arts.

413. Toute violation des règlemens d'administration publique, relatifs aux produits des manufactures françaises qui s'exporteront à l'étranger, et qui ont pour objet de

garantir la bonne qualité, les dimensions et la nature de la fabrication, sera punie d'une amende de deux cents francs au moins, de trois mille francs au plus, et de la confiscation des marchandises. Ces deux peines pourront être prononcées cumulativement ou séparément, selon les circonstances.

414. Toute coalition entre ceux qui font travailler des ouvriers, tendant à forcer injustement et abusivement l'abaissement des salaires, suivie d'une tentative ou d'un commencement d'exécution, sera punie d'un emprisonnement de six jours à un mois, et d'une amende de deux cents francs à trois mille francs.

415. Toute coalition de la part des ouvriers pour faire cesser en même temps de travailler, interdire le travail dans un atelier, empêcher de s'y rendre et d'y rester avant ou après de certaines heures, et en général pour suspendre, empêcher, enchérir les travaux, s'il y a eu tentative ou commencement d'exécution, sera punie d'un emprisonnement d'un mois au moins et de trois mois au plus.

Les chefs ou moteurs seront punis d'un emprisonnement de deux ans à cinq ans.

416. Seront aussi punis de la peine portée par l'article précédent et d'après les mêmes distinctions, les ouvriers qui auront prononcé des amendes, des défenses, des interdictions ou toutes proscriptions sous le nom de damnations et sous quelque qualification que ce puisse être, soit contre les directeurs d'ateliers et entrepreneurs d'ouvrages, soit les uns contre les autres.

Dans le cas du présent article et dans celui du précédent, les chefs ou moteurs du délit pourront, après l'expiration de leur peine, être mis sous la surveillance de la haute police pendant deux ans au moins et cinq ans au plus.

417. Quiconque, dans la vue de nuire à l'industrie française, aura fait passer en pays étranger des directeurs,

commis ou des ouvriers d'un établissement, sera puni d'un emprisonnement de six mois à deux ans, et d'une amende de cinquante francs à trois cents francs.

418. Tout directeur, commis, ouvrier de fabrique, qui aura communiqué à des étrangers ou à des Français résidant en pays étranger, des secrets de la fabrique où il est employé, sera puni de la reclusion, et d'une amende de cinq cents francs à vingt mille francs.

Si ces secrets ont été communiqués à des Français résidant en France, la peine sera d'un emprisonnement de trois mois à deux ans, et d'une amende de seize francs à deux cents francs.

419. Tous ceux qui, par des faits faux ou calomnieux, semés à dessein dans le public, par des sur-offres faites aux prix que demandaient les vendeurs eux-mêmes, par réunion ou coalition entre les principaux détenteurs d'une même marchandise ou denrée, tendant à ne la pas vendre ou à ne la vendre qu'à un certain prix, ou qui, par des voies ou moyens frauduleux quelconques, auront opéré la hausse ou la baisse du prix des denrées ou marchandises ou des papiers et effets publics au-dessus ou au-dessous des prix qu'aurait déterminés la concurrence naturelle et libre du commerce, seront punis d'un emprisonnement d'un mois au moins, d'un an au plus, et d'une amende de cinq cents francs à dix mille francs. Les coupables pourront de plus être mis, par l'arrêt ou le jugement, sous la surveillance de la haute police pendant deux ans au moins et cinq ans au plus.

420. La peine sera d'un emprisonnement de deux mois au moins et de deux ans au plus, et d'une amende de francs à vingt mille francs, si ces manœuvres ont été pratiquées sur grains, grenailles, farines, substances farineuses, pain, vin ou toute autre boisson.

La mise en surveillance qui pourra être prononcée, sera de cinq ans au moins et de dix ans au plus.

421. Les paris qui auront été faits sur la hausse ou la baisse des effets publics, seront punis des peines portées par l'article 419.

422. Sera réputée pari de ce genre, toute convention de vendre ou de livrer des effets publics qui ne seront pas prouvés par le vendeur avoir existé à sa disposition au temps de la convention, ou avoir dû s'y trouver au temps de la livraison.

423. Quiconque aura trompé l'acheteur sur le titre des matières d'or ou d'argent, sur la qualité d'une pierre fausse vendue pour fine, sur la nature de toutes marchandises ; quiconque, par usage de faux poids ou de fausses mesures, aura trompé sur la quantité des choses vendues, sera puni de l'emprisonnement pendant trois mois au moins, un an au plus, et d'une amende qui ne pourra excéder le quart des restitutions et dommages-intérêts, ni être au-dessous de cinquante francs.

Les objets du délit, ou leur valeur, s'ils appartiennent encore au vendeur, seront confisqués : les faux poids et les fausses mesures seront aussi confisqués, et de plus seront brisés.

424. Si le vendeur et l'acheteur se sont servis, dans leurs marchés, d'autres poids ou d'autres mesures que ceux qui ont été établis par les lois de l'État, l'acheteur sera privé de toute action contre le vendeur qui l'aura trompé par l'usage de poids ou de mesures prohibés ; sans préjudice de l'action publique pour la punition tant de cette fraude que de l'emploi même des poids et des mesures prohibés.

La peine, en cas de fraude, sera celle portée par l'article précédent.

La peine, pour l'emploi des mesures et poids prohibés, sera déterminée par le livre IV du présent Code, contenant les peines de simple police.

425. Toute édition d'écrits, de composition musicale, de dessin, de peinture ou de toute autre production, imprimée ou gravée en entier ou en partie, au mépris des lois et réglemens relatifs à la propriété des auteurs, est une contrefaçon; et toute contrefaçon est un délit.

426. Le débit d'ouvrages contrefaits, l'introduction sur le territoire français d'ouvrages qui, après avoir été imprimés en France, ont été contrefaits chez l'étranger, sont un délit de la même espèce.

427. La peine contre le contrefacteur, ou contre l'introducteur, sera une amende de cent francs au moins et de deux mille francs au plus; et contre le débitant, une amende de vingt-cinq francs au moins et de cinq cents francs au plus.

La confiscation de l'édition contrefaite sera prononcée tant contre le contrefacteur que contre l'introducteur et le débitant.

Les planches, moules ou matrices des objets contrefaits seront aussi confisqués.

428. Tout directeur, tout entrepreneur de spectacle, toute association d'artistes, qui aura fait représenter sur son théâtre des ouvrages dramatiques, au mépris des lois et réglemens relatifs à la propriété des auteurs, sera puni d'une amende de cinquante francs au moins, de cinq cents francs au plus, et de la confiscation des recettes.

429. Dans les cas prévus par les quatre articles précédens, le produit des confiscations, ou les recettes confisquées, seront remis au propriétaire pour l'indemniser d'autant du préjudice qu'il aura souffert; le surplus de son indemnité, ou l'entière indemnité, s'il n'y a eu ni vente d'objets confisqués ni saisie de recettes, sera réglé par les voies ordinaires.

§. V.

Délits des Fournisseurs.

430. Tous individus chargés, comme membres de compagnie ou individuellement, de fournitures, d'entreprises ou régies pour le compte des armées de terre et de mer, qui, sans y avoir été contraints par une force majeure, auront fait manquer le service dont ils sont chargés, seront punis de la peine de la réclusion, et d'une amende qui ne pourra excéder le quart des dommages-intérêts, ni être au-dessous de cinq cents francs; le tout sans préjudice de peines plus fortes en cas d'intelligence avec l'ennemi.

431. Lorsque la cessation du service proviendra du fait des agens des fournisseurs, les agens seront condamnés aux peines portées par le précédent article.

Les fournisseurs et leurs agens seront également condamnés, lorsque les uns et les autres auront participé au crime.

432. Si des fonctionnaires publics ou des agens, préposés ou salariés du Gouvernement, ont aidé les coupables à faire manquer le service, ils seront punis de la peine des travaux forcés à temps; sans préjudice de peines plus fortes en cas d'intelligence avec l'ennemi.

433. Quoique le service n'ait pas manqué, si, par négligence, les livraisons et les travaux ont été retardés, ou s'il y a eu fraude sur la nature, la qualité ou la quantité des travaux ou main-d'œuvres ou des choses fournies, les coupables seront punis d'un emprisonnement de six mois au moins et de cinq ans au plus, et d'une amende qui ne pourra excéder le quart des dommages-intérêts, ni être moindre de cent francs.

Dans les divers cas prévus par les articles composant le présent paragraphe, la poursuite ne pourra être faite que sur la dénonciation du Gouvernement.

SECTION III.

Destructions, Dégradations, Dommages.

434. Quiconque aura volontairement mis le feu à des édifices, navires, bateaux, magasins, chantiers, forêts, bois taillis ou récoltes, soit sur pied, soit abattus, soit aussi que les bois soient en tas ou en cordes, et les récoltes en tas ou en meules, ou à des matières combustibles placées de manière à communiquer le feu à ces choses ou à l'une d'elles, sera puni de la peine de mort.

435. La peine sera la même contre ceux qui auront détruit, par l'effet d'une mine, des édifices, navires ou bateaux.

436. La menace d'incendier une habitation ou toute autre propriété, sera punie de la peine portée contre la menace d'assassinat, et d'après les distinctions établies par les articles 305, 306 et 307.

437. Quiconque aura volontairement détruit ou renversé, par quelque moyen que ce soit, en tout ou en partie, des édifices, des ponts, digues ou chaussées ou autres constructions qu'il savait appartenir à autrui, sera puni de la reclusion, et d'une amende qui ne pourra excéder le quart des restitutions et indemnités, ni être au-dessous de cent francs.

S'il y a eu homicide ou blessures, le coupable sera, dans le premier cas, puni de mort, et dans le second, puni de la peine des travaux forcés à temps.

438. Quiconque, par des voies de fait, se sera opposé à la confection de travaux autorisés par le Gouvernement, sera puni d'un emprisonnement de trois mois à deux ans, et d'une amende qui ne pourra excéder le quart des dommages-intérêts, ni être au-dessous de seize francs.

Les moteurs subiront le *maximum* de la peine.

439. Quiconque aura volontairement brûlé ou détruit, d'une manière quelconque, des registres, minutes ou actes

originaux de l'autorité publique, des titres, billets, lettres de change, effets de commerce ou de banque, contenant ou opérant obligation, disposition ou décharge, sera puni ainsi qu'il suit :

Si les pièces détruites sont des actes de l'autorité publique, ou des effets de commerce ou de banque, la peine sera la reclusion;

S'il s'agit de toute autre pièce, le coupable sera puni d'un emprisonnement de deux ans à cinq ans, et d'une amende de cent francs à trois cents francs.

440. Tout pillage, tout dégât de denrées ou marchandises, effets, propriétés mobilières, commis en réunion ou bande et à force ouverte, sera puni des travaux forcés à temps; chacun des coupables sera de plus condamné à une amende de deux cents francs à cinq mille francs.

441. Néanmoins ceux qui prouveront avoir été entraînés par des provocations ou sollicitations à prendre part à ces violences, pourront n'être punis que de la peine de la reclusion.

442. Si les denrées pillées ou détruites sont des grains, grenailles ou farines, substances farineuses, pain, vin ou autre boisson, la peine que subiront les chefs, instigateurs ou provocateurs seulement, sera le *maximum* des travaux forcés à temps, et celui de l'amende prononcée par l'article 440.

443. Quiconque, à l'aide d'une liqueur corrosive ou par tout autre moyen, aura volontairement gâté des marchandises ou matières servant à fabrication, sera puni d'un emprisonnement d'un mois à deux ans, et d'une amende qui ne pourra excéder le quart des dommages-intérêts, ni être moindre de seize francs.

Si le délit a été commis par un ouvrier de la fabrique ou par un commis de la maison de commerce, l'emprisonnement sera de deux à cinq ans, sans préjudice de l'amende, ainsi qu'il vient d'être dit.

444. Quiconque aura dévasté des récoltes sur pied ou des plants venus naturellement ou faits de main d'homme, sera puni d'un emprisonnement de deux ans au moins, de cinq ans au plus.

Les coupables pourront de plus être mis par l'arrêt ou le jugement, sous la surveillance de la haute police pendant cinq ans au moins et dix ans au plus.

445. Quiconque aura abattu un ou plusieurs arbres qu'il savait appartenir à autrui, sera puni d'un emprisonnement qui ne sera pas au-dessous de six jours, ni au-dessus de six mois, à raison de chaque arbre, sans que la totalité puisse excéder cinq ans.

446. Les peines seront les mêmes à raison de chaque arbre mutilé, coupé ou écorcé de manière à le faire périr.

447. S'il y a eu destruction d'une ou de plusieurs greffes, l'emprisonnement sera de six jours à deux mois, à raison de chaque greffe, sans que la totalité puisse excéder deux ans.

448. Le *minimum* de la peine sera de vingt jours dans les cas prévus par les articles 445 et 446, et de dix jours dans le cas prévu par l'article 447, si les arbres étaient plantés sur les places, routes, chemins, rues ou voies publiques ou vicinales, ou de traverse.

449. Quiconque aura coupé des grains ou des fourrages qu'il savait appartenir à autrui, sera puni d'un emprisonnement qui ne sera pas au-dessous de six jours, ni au-dessus de deux mois.

450. L'emprisonnement sera de vingt jours au moins et de quatre mois au plus, s'il a été coupé du grain en vert.

Dans les cas prévus par le présent article et les six précédens, si le fait a été commis en haine d'un fonctionnaire public et à raison de ses fonctions, le coupable sera puni du *maximum* de la peine établie par l'article auquel le cas se référera.

Il en sera de même, quoique cette circonstance n'existe point, si le fait a été commis pendant la nuit.

451. Toute rupture, toute destruction d'instrumens d'agriculture, de parcs de bestiaux, de cabanes de gardiens, sera punie d'un emprisonnement d'un mois au moins, d'un an au plus.

452. Quiconque aura empoisonné des chevaux ou autres bêtes de voiture, de monture ou de charge, des bestiaux à cornes, des moutons, chèvres ou porcs, ou des poissons dans des étangs, viviers ou réservoirs, sera puni d'un emprisonnement d'un an à cinq ans, et d'une amende de seize francs à trois cents francs. Les coupables pourront être mis, par l'arrêt ou le jugement, sous la surveillance de la haute police pendant deux ans au moins et cinq ans au plus.

453. Ceux qui, sans nécessité, auront tué l'un des animaux mentionnés au précédent article, seront punis ainsi qu'il suit :

Si le délit a été commis dans les bâtimens, enclos et dépendances, ou sur les terres dont le maître de l'animal tué était propriétaire, locataire, colon ou fermier, la peine sera un emprisonnement de deux mois à six mois;

S'il a été commis dans les lieux dont le coupable était propriétaire, locataire, colon ou fermier, l'emprisonnement sera de six jours à un mois;

S'il a été commis dans tout autre lieu, l'emprisonnement sera de quinze jours à six semaines.

Le *maximum* de la peine sera toujours prononcé en cas de violation de clôture.

454. Quiconque aura, sans nécessité, tué un animal domestique dans un lieu, dont celui à qui cet animal appartient est propriétaire, locataire, colon ou fermier,

sera puni d'un emprisonnement de six jours au moins et de six mois au plus.

S'il y a eu violation de clôture, le *maximum* de la peine sera prononcé.

455. Dans les cas prévus par les articles 444 et suivans jusqu'au précédent article inclusivement, il sera prononcé une amende qui ne pourra excéder le quart des restitutions et dommages-intérêts, ni être au dessous de seize francs.

456. Quiconque aura, en tout ou en partie, comblé des fossés, détruit des clôtures, de quelques matériaux qu'elles soient faites, coupé ou arraché des haies vives ou sèches; quiconque aura déplacé ou supprimé des bornes, ou pieds corniers; ou autres arbres plantés ou reconnus pour établir les limites entre différens héritages, sera puni d'un emprisonnement qui ne pourra être au-dessous d'un mois ni excéder une année, et d'une amende égale au quart des restitutions et des dommages-intérêts, qui, dans aucun cas, ne pourra être au-dessous de cinquante francs.

457. Seront punis d'une amende qui ne pourra excéder le quart des restitutions et des dommages-intérêts, ni être au-dessous de cinquante francs, les propriétaires ou fermiers; ou toute personne jouissant de moulins, usines ou étangs, qui, par l'élévation du déversoir de leurs eaux au-dessus de la hauteur déterminée par l'autorité compétente; auront inondé les chemins ou les propriétés d'autrui.

S'il est résulté du fait quelques dégradations, la peine sera, outre l'amende; un emprisonnement de six jours à un mois.

458. L'incendie des propriétés mobilières ou immobilières d'autrui, qui aura été causé par la vétusté ou le défaut soit de réparation, soit de nettoyage des fours,

cheminées., forges, maisons ou usines prochaines, ou par
des feux allumés dans les champs à moins de cent mètres des maisons, édifices, forêts, bruyères, bois, ver-
gers, plantations, haies, meules, tas de grains, pailles,
foins, fourrages, ou de tout autre dépôt de matières
combustibles, ou par des feux ou lumières portés ou laissés sans précaution suffisante, ou par des pièces d'artifice
allumées ou tirées par négligence ou imprudence, sera
puni d'une amende de cinquante francs au moins et de
cinq cents francs au plus.

459. Tout détenteur ou gardien d'animaux ou de
bestiaux soupçonnés d'être infectés de maladie contagieuse,
qui n'aura pas averti sur-le-champ le maire de la commune où ils se trouvent, et qui même, avant que le
maire ait répondu à l'avertissement, ne les aura pas tenus
renfermés, sera puni d'un emprisonnement de six jours à
deux mois, et d'une amende de seize francs à deux cents
francs.

460. Seront également punis d'un emprisonnement
de deux mois à six mois, et d'une amende de cent francs
à cinq cents francs, ceux qui, au mépris des défenses de
l'administration, auront laissé leurs animaux ou bestiaux
infectés communiquer avec d'autres.

461. Si, de la communication mentionnée au précédent article, il est résulté une contagion parmi les autres
animaux, ceux qui auront contrevenu aux défenses de
l'autorité administrative seront punis d'un emprisonnement
de deux ans à cinq ans, et d'une amende de cent francs à
mille francs; le tout sans préjudice de l'exécution des lois
et réglemens relatifs aux maladies épizootiques, et de l'application des peines y portées.

462. Si les délits de police correctionnelle dont il est
parlé au présent chapitre ont été commis par des gardes
champêtres ou forestiers, ou des officiers de police, à

quelque titre que ce soit, la peine d'emprisonnement sera d'un mois au moins, et d'un tiers au plus en sus de la peine la plus forte qui serait appliquée à un autre coupable du même délit.

Disposition générale.

463. Dans tous les cas où la peine d'emprisonnement est portée par le présent Code, si le préjudice causé n'excède pas vingt-cinq francs, et si les circonstances paraissent atténuantes, les tribunaux sont autorisés à réduire l'emprisonnement, même au-dessous de six jours, et l'amende, même au-dessous de seize francs. Ils pourront aussi prononcer séparément l'une ou l'autre de ces peines, sans qu'en aucun cas elle puisse être au-dessous des peines de simple police.

LIVRE IV.

CONTRAVENTIONS DE POLICE ET PEINES.

(*Loi décrétée le 20 Février 1810, promulguée le 2 Mars suivant.*)

CHAPITRE I.er

Des Peines.

ART. 464. Les peines de police sont,

L'emprisonnement,

L'amende,

Et la confiscation de certains objets saisis.

465. L'emprisonnement, pour contravention de police, ne pourra être moindre d'un jour, ni excéder cinq jours, selon les classes, distinctions et cas ci-après spécifiés.

Les jours d'emprisonnement sont des jours complets de vingt-quatre heures.

466. Les amendes pour contravention pourront être prononcées depuis un franc jusqu'à quinze francs inclusivement, selon les distinctions et classes ci-après spécifiées, et seront appliquées au profit de la commune où la contravention aura été commise.

467. La contrainte par corps a lieu pour le paiement de l'amende.

Néanmoins le condamné ne pourra être, pour cet objet, détenu plus de quinze jours, s'il justifie de son insolvabilité.

468. En cas d'insuffisance des biens, les restitutions et les indemnités dues à la partie lésée sont préférées à l'amende.

469. Les restitutions, indemnités et frais entraîneront la contrainte par corps, et le condamné gardera prison jusqu'à parfait paiement : néanmoins, si ces condamnations sont prononcées au profit de l'État, les condamnés pourront jouir de la faculté accordée par l'article 467, dans le cas d'insolvabilité prévu par cet article.

470. Les tribunaux de police pourront aussi, dans les cas déterminés par la loi, prononcer la confiscation, soit des choses saisies en contravention, soit des choses produites par la contravention, soit des matières ou des instrumens qui ont servi ou étaient destinés à la commettre.

CHAPITRE II.

Contraventions et Peines.

SECTION I.re

Première Classe.

471. Seront punis d'amende, depuis un franc jusqu'à cinq francs inclusivement,

1.° Ceux qui auront négligé d'entretenir, réparer ou nettoyer les fours, cheminées ou usines où l'on fait usage du feu ;

2.° Ceux qui auront violé la défense de tirer, en certains lieux, des pièces d'artifice ;

3.° Les aubergistes et autres qui, obligés à l'éclairage, l'auront négligé ; ceux qui auront négligé de nettoyer les rues ou passages, dans les communes où ce soin est laissé à la charge des habitans ;

4.° Ceux qui auront embarrassé la voie publique, en y déposant ou y laissant, sans nécessité, des matériaux ou des choses quelconques qui empêchent ou diminuent la liberté ou la sûreté du passage ; ceux qui, en contravention aux lois et réglemens, auront négligé d'éclairer les matériaux par eux entreposés ou les excavations par eux faites dans les rues et places ;

5.º Ceux qui auront négligé ou refusé d'exécuter les réglemens ou arrêtés concernant la petite voirie, ou d'obéir à la sommation émanée de l'autorité administrative, de réparer ou démolir les édifices menaçant ruine;.

6.º Ceux qui auront jeté ou exposé au-devant de leurs édifices, des choses de nature à nuire par leur chute ou par des exhalaisons insalubres;

7.º Ceux qui auront laissé dans les rues, chemins, places, lieux publics, ou dans les champs, des coutres de charrue, pinces, barres, barreaux ou autres machines, ou instrumens ou armes dont puissent abuser les voleurs et autres malfaiteurs;

8.º Ceux qui auront négligé d'écheniller dans les campagnes ou jardins où ce soin est prescrit par la loi ou les réglemens;

9.º Ceux qui, sans autre circonstance prévue par les lois, auront cueilli ou mangé, sur le lieu même, des fruits appartenant à autrui;

10.º Ceux qui, sans autre circonstance, auront glané, râtelé ou grapillé dans les champs non encore entièrement dépouillés et vidés de leurs récoltes, ou avant le moment du lever ou après celui du coucher du soleil;

11.º Ceux qui, sans avoir été provoqués, auront proféré contre quelqu'un des injures, autres que celles prévues depuis l'article 367 jusques et compris l'article 378;

12.º Ceux qui imprudemment auront jeté des immondices sur quelque personne;

13.º Ceux qui, n'étant ni propriétaires, ni usufruitiers, ni locataires, ni fermiers, ni jouissant d'un terrain ou d'un droit de passage, ou qui n'étant agens ni préposés d'aucune de ces personnes, seront entrés et auront passé sur ce terrain ou sur partie de ce terrain, s'il est préparé ou ensemencé;

14.º Ceux qui auront laissé passer leurs bestiaux ou leurs bêtes de trait, de charge ou de monture, sur le terrain d'autrui, avant l'enlèvement de la récolte.

472. Seront, en outre, confisqués, les pièces d'artifice saisies dans le cas du n.º 2 de l'article 471, les couures, les instrumens et les armes mentionnés dans le n.º 7 du même article.

473. La peine d'emprisonnement, pendant trois jours au plus, pourra de plus être prononcée, selon les circonstances, contre ceux qui auront tiré des pièces d'artifice ; contre ceux qui auront glané, râtelé ou grapillé en contravention au n.º 10 de l'article 471.

474. La peine d'emprisonnement contre toutes les personnes mentionnées en l'article 471, aura toujours lieu, en cas de récidive, pendant trois jours au plus.

SECTION II.
Deuxième Classe.

475. Seront punis d'amende, depuis six francs jusqu'à dix francs inclusivement,

1.º Ceux qui auront contrevenu aux bans de vendanges ou autres bans autorisés par les réglemens ;

2.º Les aubergistes, hôteliers, logeurs ou loueurs de maisons garnies, qui auront négligé d'inscrire de suite, et sans aucun blanc, sur un registre tenu régulièrement, les noms, qualités, domicile habituel, dates d'entrée et de sortie de toute personne qui aurait couché ou passé une nuit dans leurs maisons ; ceux d'entre eux qui auraient manqué à représenter ce registre aux époques déterminées par les réglemens, ou lorsqu'ils en auraient été requis, aux maires, adjoints, officiers ou commissaires de police, ou aux citoyens commis à cet effet : le tout sans préjudice des cas de responsabilité mentionnés en l'article 73 du présent Code, relativement aux crimes ou aux délits de ceux qui, ayant logé ou séjourné chez eux, n'auraient pas été régulièrement inscrits ;

3.º Les rouliers, charretiers, conducteurs de voitures quelconques, ou de bêtes de charge, qui auraient contrevenu aux réglemens par lesquels ils sont obligés de se tenir constamment à portée de leurs chevaux, bêtes de trait ou de charge de leurs voitures, et en état de les guider et conduire; d'occuper un seul côté des rues, chemins ou voies publiques; de se détourner ou ranger devant toutes autres voitures, et à leur approche, de leur laisser libre au moins la moitié des rues, chaussées, routes et chemins;

4.° Ceux qui auront fait ou laissé courir les chevaux, bêtes de trait, de charge ou de monture, dans l'intérieur d'un lieu habité, ou violé les réglemens contre le chargement, la rapidité ou la mauvaise direction des voitures;

5.° Ceux qui auront établi ou tenu dans les rues, chemins, places ou lieux publics, des jeux de loterie ou d'autres jeux de hasard;

6.° Ceux qui auront vendu ou débité des boissons falsifiées; sans préjudice des peines plus sévères qui seront prononcées par les tribunaux de police correctionnelle, dans le cas où elles contiendraient des mixtions nuisibles à la santé;

7.° Ceux qui auraient laissé divaguer des fous ou des furieux étant sous leur garde, ou des animaux malfaisans ou féroces; ceux qui auront excité ou n'auront pas retenu leurs chiens lorsqu'ils attaquent ou poursuivent les passans, quand même il n'en serait résulté aucun mal ni dommage;

8.° Ceux qui auraient jeté des pierres ou d'autres corps durs ou des immondices contre les maisons, édifices ou clôtures d'autrui, ou dans les jardins ou enclos, et ceux aussi qui auraient volontairement jeté des corps durs ou des immondices sur quelqu'un;

9.° Ceux qui, n'étant propriétaires, usufruitiers, ni jouissant d'un terrain ou d'un droit de passage, y sont entrés et y ont passé dans le temps où ce terrain était chargé de grains en tuyau, de raisins ou autres fruits mûrs ou voisins de la maturité;

10.º Ceux qui auraient fait ou laissé passer des bestiaux, animaux de trait, de charge ou de monture, sur le terrain d'autrui, ensemencé ou chargé d'une récolte, en quelque saison que ce soit, ou dans un bois taillis appartenant à autrui ;

11.º Ceux qui auraient refusé de recevoir les espèces et monnaies nationales, non fausses ni altérées, selon la valeur pour laquelle elles ont cours ;

12.º Ceux qui, le pouvant, auront refusé ou négligé de faire les travaux, le service, ou de prêter le secours dont ils auront été requis dans les circonstances d'accidens, tumultes, naufrage, inondation, incendie ou autres calamités, ainsi que dans les cas de brigandages, pillages, flagrant délit, clameur publique ou d'exécution judiciaire ;

13.º Les personnes désignées aux articles 284 et 288 du présent Code.

476. Pourra, suivant les circonstances, être prononcé, outre l'amende portée en l'article précédent, l'emprisonnement pendant trois jours au plus, contre les rouliers, charretiers, voituriers et conducteurs en contravention ; contre ceux qui auront contrevenu à la loi par la rapidité, la mauvaise direction ou le chargement des voitures ou des animaux ; contre les vendeurs et débitans de boissons falsifiées ; contre ceux qui auraient jeté des corps durs ou des immondices.

477. Seront saisis et confisqués, 1.º les tables, instrumens, appareils des jeux ou des loteries établis dans les rues, chemins et voies publiques, ainsi que les enjeux, les fonds, denrées, objets ou lots proposés aux joueurs, dans le cas de l'article 476 ; 2.º les boissons falsifiées trouvées appartenir au vendeur et débitant : ces boissons seront répandues ; 3.º les écrits ou gravures contraires aux mœurs : ces objets seront mis sous le pilon.

478. La peine de l'emprisonnement pendant cinq jours au plus, sera toujours prononcée, en cas de réci-

dive, contre toutes les personnes mentionnées dans l'article 475.

SECTION III.

Troisième Classe.

479. Seront punis d'une amende de onze à quinze francs inclusivement,

1.° Ceux qui, hors les cas prévus depuis l'article 434 jusques et compris l'article 462, auront volontairement causé du dommage aux propriétés mobilières d'autrui;

2.° Ceux qui auront occasionné la mort ou la blessure des animaux ou bestiaux appartenant à autrui, par l'effet de la divagation des fous ou furieux, ou d'animaux malfaisans ou féroces, ou par la rapidité ou la mauvaise direction ou le chargement excessif des voitures, chevaux, bêtes de trait, de charge ou de monture;

3.° Ceux qui auront occasionné les mêmes dommages par l'emploi ou l'usage d'armes sans précaution ou avec mal-adresse, ou par jet de pierres ou d'autres corps durs;

4.° Ceux qui auront causé les mêmes accidens par la vétusté, la dégradation, le défaut de réparation ou d'entretien des maisons ou édifices, ou par l'encombrement ou l'excavation, ou telles autres œuvres, dans ou près les rues, chemins, places ou voies publiques, sans les précautions ou signaux ordonnés ou d'usage;

5.° Ceux qui auront de faux poids ou de fausses mesures dans leurs magasins, boutiques, ateliers ou maisons de commerce, ou dans les halles, foires ou marchés, sans préjudice des peines qui seront prononcées par les tribunaux de police correctionnelle contre ceux qui auraient fait usage de ces faux poids ou de ces fausses mesures;

6.° Ceux qui emploieront des poids ou des mesures différens de ceux qui sont établis par les lois en vigueur;

7.° Les gens qui font le métier de deviner et pronostiquer, ou d'expliquer les songes;

8.º Les auteurs ou complices de bruits ou tapage injurieux ou nocturnes, troublant la tranquillité des habitans.

480. Pourra, selon les circonstances, être prononcée la peine d'emprisonnement pendant cinq jours au plus,

1.º Contre ceux qui auront occasionné la mort ou la blessure des animaux ou bestiaux appartenant à autrui, dans les cas prévus par le n.º 3 du précédent article ; 2.º contre les possesseurs de faux poids et de fausses mesures ; 3.º contre ceux qui emploient des poids ou des mesures différens de ceux que la loi en vigueur a établis ; 4.º contre les interprètes de songes ; 5.º contre les auteurs ou complices de bruits ou tapages injurieux ou nocturnes.

481. Seront, de plus, saisis et confisqués, 1.º les faux poids, les fausses mesures, ainsi que les poids et les mesures différens de ceux que la loi a établis ; 2.º les instrumens, ustensiles et costumes servant ou destinés à l'exercice du métier de devin, pronostiqueur ou interprète de songes.

482. La peine d'emprisonnement pendant cinq jours aura toujours lieu, pour récidive, contre les personnes et dans les cas mentionnés en l'article 479.

Disposition commune aux trois Sections ci-dessus.

483. Il y a récidive dans tous les cas prévus par le présent livre, lorsqu'il a été rendu contre le contrevenant, dans les douze mois précédens, un premier jugement, pour contravention de police commise dans le ressort du même tribunal.

DISPOSITION GÉNÉRALE.

484. Dans toutes les matières qui n'ont pas été réglées par le présent Code et qui sont régies par des lois et réglemens particuliers, les cours et les tribunaux continueront de les observer.

Collationné à l'original, par nous président, vice-président et secrétaires du Corps législatif. Paris, les 12, 13, 15, 16, 17, 19 et 20 Février 1810. Signé le comte DE MONTESQUIOU, président; EMMERY, vice-président; B. DAUZAT, CHIAVARINA, EMMERY, CLAUSEL-COUSSERGUES, secrétaires.

MANDONS et ordonnons que les présentes, revêtues des sceaux de l'État, insérées au Bulletin des lois, soient adressées aux Cours, aux Tribunaux et aux autorités administratives, pour qu'ils les inscrivent dans leurs registres, les observent et les fassent observer; et notre Grand-Juge Ministre de la justice est chargé d'en surveiller la publication.

Donné en notre palais des Tuileries, les 22, 23, 25, 26, 27 Février, 1er et 2 Mars de l'an 1810.

Signé NAPOLÉON.

Vu par nous Archichancelier de l'Empire;
Signé CAMBACÉRÉS.

Le Grand-Juge Ministre   *Par l'Empereur :*
de la justice,   *Le Ministre Secrétaire d'état,*
Signé DUC DE MASSA.   Signé H. B. DUC DE BASSANO.

Certifié conforme par nous
Grand-Juge Ministre de la justice :
LE DUC DE MASSA.

TABLE

DU

CODE PÉNAL.

DISPOSITIONS PRÉLIMINAIRES . . . . . Page 1

LIVRE PREMIER.

DES PEINES EN MATIÈRE CRIMINELLE ET COR-
RECTIONNELLE, ET DE LEURS EFFETS.

CHAP. Ier *Des Peines en matière criminelle* . .   3
CHAP. II. *Des Peines en matière correctionnelle* .   7
CHAP. III. *Des Peines et des autres Condamnations*
qui peuvent être prononcées pour cri-
mes ou délits   8
CHAP. IV. *Des Peines de la récidive pour crimes*
et délits   10

LIVRE II.

DES PERSONNES PUNISSABLES, EXCUSABLES
OU RESPONSABLES, POUR CRIMES OU POUR
DÉLITS.

CHAPITRE UNIQUE   12

112

LIVRE III.

DES CRIMES, DES DÉLITS ET DE LEUR PUNITION.

Page

TITRE I.er Crimes et Délits contre la chose publique. ... 16

  CHAP. I.er Crimes et Délits contre la Sûreté de l'État . . . . . . ibid.

    SECT. I.re Des Crimes et Délits contre la Sûreté extérieure de l'État . . . . . ibid.

    SECT. II. Des Crimes contre la sûreté intérieure de l'État 19

      §. I.er Des attentats et complots dirigés contre l'Empereur et sa famille . . . ibid.

      §. II. Des crimes tendant à troubler l'État par la guerre civile, l'illégal emploi de la force armée, la dévastation et le pillage publics. 20

      Disposition commune aux deux paragraphes de la présente section 22

    SECT. III. De la révélation et de la non-révélation des Crimes qui compromettent la sûreté intérieure ou extérieure de l'État. . . 23

  CHAP. II. Crimes et Délits contre les Constitutions de l'Empire 24

    SECT. I.re Des Crimes et Délits relatifs à l'exercice des Droits civiques . . . ibid.

    SECT. II. Attentats à la liberté . . . .

    SECT. III. Coalition des Fonctionnaires . . . 25

    SECT. IV. Empiétement des Autorités administratives et judiciaires. 28

  CHAP. III. Crimes et Délits contre la paix publique. 30

    SECT. I.re Du Faux. . . . . . . ibid.

      §. I.er Fausse monnaie . . . . . ibid.

      §. II. Contrefaction des sceaux de l'État, des billets de banque, des effets publics, et des poinçons, timbres et marques . 32

      §. III. Des faux en écritures publiques ou authentiques, et de commerce ou de banque . 33

      §. IV. Du faux en écriture privée . . . 34

      §. V. Des faux commis dans les passe-ports, feuilles de route et certificats. . . 36

Page

Dispositions communes. . . . .

SECT. II. *De la forfaiture, et des Crimes et Délits des fonctionnaires publics dans l'exercice de leurs fonctions.* 37

§. I.er *Des soustractions commises par les dépositaires publics.* 38

§. II. *Des concussions commises par les fonctionnaires publics* . . . . '39

§. III. *Des délits de fonctionnaires qui se seront ingérés dans des affaires ou commerces incompatibles avec leur qualité* . ibid.

§. IV. *De la corruption des fonctionnaires publics.* 40

§. V *Des abus d'autorité* 42

I.re CLASSE. Des abus d'autorité contre les particuliers . . . ibid.

II.e CLASSE. Des abus d'autorité contre la chose publique . . . 43

§. VI. *De quelques délits relatifs à la tenue des actes de l'état civil* . . . 44

§. VII. *De l'exercice de l'autorité publique illégalement anticipé ou prolongé* . . . ibid.

Disposition particulière. . . . 45

SECT. III. *Des Troubles apportés à l'ordre public par les Ministres des Cultes dans l'exercice de leur ministère* 46

§. I.er *Des contraventions propres à compromettre l'État civil des personnes* . . ibid.

§. II. *Des critiques, censures ou provocations dirigées contre l'autorité publique dans un discours pastoral prononcé publiquement* . ibid.

§. III. *Des critiques, censures ou provocations dirigées contre l'autorité publique dans un écrit pastoral* 47

§. IV. *De la correspondance des ministres des cultes avec des cours ou puissances étrangères, sur des matières de religion* . . ibid.

SECT. IV. *Résistance, Désobéissance et autres Manquemens envers l'Autorité publique.* . 48

§. I.er *Rebellion.* . . . . ibid.

§. II. *Outrages et violences envers les dépositaires de l'autorité et de la force publique* . 50

§. III. *Refus d'un service dû légalement* . . 52

§. IV. *Évasion de détenus, recélement de criminels.* 53

§. V. *Bris de scellés et enlèvement de pièces dans les dépôts publics.* 55

§. VI *Dégradation de monumens.* . . . 57

§. VII. *Usurpation de titres ou fonctions* . . ibid.

§. VIII. *Entraves au libre exercice des cultes.* . ibid.

Sect. V. *Association de malfaiteurs, Vagabondage et Mendicité* 58

§. I.er *Association de malfaiteurs* . . . ibid.

§. II. *Vagabondage* 59

§. III. *Mendicité.* 60

Dispositions communes aux vagabonds et mendians . . . . . . ibid

Sect. VI. *Délits commis par la voie d'Écrits, Images ou Gravures, distribués sans noms d'Auteur, Imprimeur ou Graveur* . . . 61

Disposition particulière 63

Sect. VII. *Des associations ou Réunions illicites.* . ibid.

TITRE II. Crimes et Délits contre les Particuliers. 64

CHAP. I.er *Crimes et Délits contre les Personnes.* ibid.

Sect. I.re *Meurtre et autres Crimes capitaux, Menaces d'attentats contre les personnes* . . ibid.

§. I.er *Meurtre, assassinat, parricide, infanticide, empoisonnement* . . . . . ibid.

§. II. *Menaces* 65

Sect. II. *Blessures et Coups volontaires non qualifiés Meurtre, et autres Crimes et Délits volontaires* 66

Sect. III. *Homicide, Blessures et Coups involontaires; Crimes et Délits excusables, et Cas où ils ne peuvent être excusés; Homicide, Blessures et Coups qui ne sont ni crimes ni délits* 68

§. I.er *Homicide, blessures et Coups involontaires.*

§. II. *Crimes et délits excusables, et cas où ils ne peuvent être excusés.* . . . 69

§. III. *Homicide, blessures et coups non qualifiés crimes ni délits* 70

		Page
Sect. IV.	*Attentats aux mœurs,*	70
Sect. V.	*Arrestations illégales et Séquestrations de personnes*	71
Sect. VI.	*Crimes et Délits tendant à empêcher ou détruire la preuve de l'état civil d'un enfant, ou à compromettre son existence ; Enlèvement de mineurs ; Infraction aux lois sur les Inhumations*	73
§. I.er	*Crimes et délits envers l'enfant.*	ibid.
§. II.	*Enlèvement de mineurs*	75
§. III.	*Infraction aux lois sur les inhumations*	76
Sect. VII.	*Faux témoignage, Calomnie, Injures, Révélation de secrets.*	77
§. I.er	*Faux témoignage*	ibid.
§. II.	*Calomnie, injures, révélation de secrets*	78
Chap. II.	*Crimes et Délits contre les Propriétés.*	80
Sect. I.re	*Vols.*	ibid.
Sect. II.	*Banqueroutes, Escroqueries, et autres espèces de Fraude*	
§. I.er	*Banqueroute et escroquerie.*	86
§. II.	*Abus de confiance*	87
§. III.	*Contravention aux réglemens sur les maisons de jeu, les loteries, et les maisons de prêt sur gages.*	88
§. IV.	*Entraves apportées à la liberté des enchères*	89
§. V.	*Violation des réglemens relatifs aux manufactures, au commerce et aux arts.*	ibid.
§. VI.	*Délits des fournisseurs*	94
Sect. III.	*Destructions, Dégradations, Dommages*	95
	Disposition générale	101

LIVRE IV.

CONTRAVENTIONS DE POLICE ET PEINES.

		Page
CHAP. I.ᵉʳ *Des Peines*		102
CHAP. II. *Contraventions et Peines*		103
SECT. I.ʳᵉ *Première Classe.*		ibid.
SECT. II. *Deuxième Classe*		105
SECT. III. *Troisième Classe*		108
Disposition commune aux trois sections ci-dessus.		109
DISPOSITION GÉNÉRALE		ibid.

TABLE ALPHABÉTIQUE

DES MATIÈRES

CONTENUES DANS LE CODE PÉNAL.

Nota. *Les Chiffres arabes indiquent les Numéros des articles du Code.*

A

Abus de confiance. Peines prononcées contre ceux qui, abusant des besoins ou des passions d'un mineur, lui auraient fait souscrire, à son préjudice, des obligations pour prêt d'argent, etc. 406 ; — contre les individus qui auraient abusé d'un blanc-seing, 407 ; — qui auraient détourné ou dissipé des effets à eux remis en dépôt, 408, — ou qui, après avoir produit un titre en justice, l'auraient soustrait, 409.

Abus de pouvoir. Ceux qui, par abus d'autorité ou de pouvoir, ont provoqué à un crime ou délit, sont punis comme complices, 60. — Quelles peines encourent les magistrats ou autres fonctionnaires publics pour abus de leur autorité, 184 à 191. *Voyez Forfaiture, Pouvoir.*

Accidens. Obligation de prêter les secours requis dans les circonstances d'accidens, 475. *Voyez Secours.*

Accouchement. Personnes auxquelles il est enjoint de déclarer la naissance de l'enfant à l'officier de l'état civil, 346.

Accusation. Comment on procède à l'égard d'un accusé âgé de moins de seize ans, 66 et 67. — Forfaiture encourue par les magistrats qui, sans les autorisations prescrites par les constitutions, auraient mis en accusation un ministre, un membre du Sénat, du conseil d'état ou du Corps législatif, 121. — Peines encourues par les mêmes fonctionnaires qui auraient traduit un citoyen devant une cour d'assises avant sa mise en accusation, 122. *Voyez Discernement.*

Accusés. Voyez *Accusation.*

Acquittement. Voyez *Discernement.*

Actes. Peines pour addition ou altération de clauses, de déclarations ou de faits dans les actes, 147 Voyez *Dépositaires publics, Faux, Intérêt, Interposition de personnes.*

Actes arbitraires. Les fonctionnaires publics encourent la peine de la dégradation civique; lorsqu'ils ordonnent ou font des actes arbitraires, 114. — S'ils justifient d'ordre de supérieurs, la peine est appliquée à ces derniers, *ibid.* Voyez *Constitutions, Liberté, Ministres.*

Actes de barbarie Voyez *Assassinat.*

Actes de l'état civil. Voyez *État civil.*

Actes publics. Quelles peines encourt celui qui, sans titre, ferait les actes d'un office civil ou militaire, 258. Voyez *Destruction, Extorsion, Faux.*

Action publique. Voyez *Poids.*

Addition. Voyez *Actes.*

Adjoints de maire. Voyez *Maires.*

Adjudication. Peines portées contre ceux qui, dans les adjudications de la propriété, de l'usufruit ou de la location des choses mobilières ou immobilières, d'une entreprise, d'une fourniture, d'une exploitation ou d'un service quelconque, entraveraient ou troubleraient, par des voies de fait, violences ou menaces, la liberté des enchères ou des soumissions, 412.

Administrateurs. Peines contre les administrateurs, fonctionnaires ou officiers publics, pour destruction, suppression ou soustraction d'actes et de titres dont ils étaient dépositaires, 173; — pour violation de domicile, 184. Voyez *Arrêtés généraux, Réglemens d'administration publique.*

Administration des postes. Peines contre les agens de cette administration pour suppression ou ouverture de lettres confiées à la poste, 187.

Adultère. Circonstances qui rendent excusable le meurtre commis par l'époux sur son épouse adultère, et sur son complice, 324. — Le mari peut seul dénoncer l'adultère de sa femme, 336. — Cas dans lequel il n'a pas cette faculté, 336 et 339. — Peine contre la femme convaincue d'adultère et contre son complice, 337 et 338. — Seules preuves qui soient admissibles contre le prévenu de complicité, 338.

Affaires. Voyez *Intérêt.*

Affiches. Voyez *Afficheurs, Arrêts, Écrits.*

Afficheurs. Peine encourue par les afficheurs d'écrits sur lesquels ne se trouve pas l'indication vraie des nom, profession et demeure de l'auteur ou de l'imprimeur, 283 et 285. — Réduction de la peine à l'égard des crieurs, afficheurs, vendeurs ou distributeurs, qui feraient connaître la personne de laquelle ils tiennent l'écrit imprimé, 284 et 285 — Nécessité d'une autorisation de police pour faire le métier d'afficheur, 290. — Amende et peine en cas de récidive pour délits commis par des afficheurs, 475 et 478. *Voyez Crieurs.*

Age. Les individus âgés de moins de seize ans sont acquittés, lorsqu'en commettant un crime ou délit, ils ont agi sans discernement; mais ils peuvent, suivant les circonstances, être détenus temporairement dans une maison de correction, 66. — Les peines par eux encourues sont seulement diminuées lorsqu'ils ont agi avec discernement, 67. — Les septuagénaires ne peuvent être condamnés aux travaux forcés ni à la déportation, mais simplement à la réclusion, 70 et 71. — Ceux qui atteignent l'âge de soixante-dix ans accomplis sont relevés de la peine des travaux forcés, et enfermés dans une maison de force, 72. *Voyez Accusation, Condamnation, Exposition publique.*

Agens d'administration publique. **Voyez Corruption.**

Agens de change. **Voyez Banqueroute.**

Agens de l'administration des postes. **Voyez Administration des postes.**

Agens de la police. Peines qu'ils encourent pour violences exercées sans motif légitime, en exécutant des mandats de justice, 186. *Voyez Rébellion.*

Agens du Gouvernement. Peines par eux encourues pour avoir livré aux agens d'une puissance étrangère ou de l'ennemi, le secret d'une négociation ou d'une expédition, 80; — et pour avoir livré des plans de fortifications, 81. — Amendes contre les juges qui, après une réclamation légale des parties intéressées ou de l'autorité administrative, auraient, sans l'autorisation du Gouvernement, décerné des mandats contre ses agens prévenus de délits commis dans l'exercice de leurs fonctions, 129. — Peines contre les agens du Gouvernement, qui se seraient ingérés dans des affaires ou commerces incompatibles avec leur qualité, 175. *Voyez Fonctionnaires publics, Force publique, Lettres.*

Aggravation. Celle des peines ordinaires à l'égard des fonctionnaires ou officiers publics qui auraient participé à des crimes ou délits qu'ils étaient chargés de surveiller ou de réprimer, 198.

Alimens. **Voyez Avortement, Confiscation générale.**

Alliance. **Voyez Déclaration, Révélation.**

Altération d'actes et d'écritures. **Voyez Actes, Écriture, Faux.**

Altération de liquides. Peines contre les voituriers, bateliers ou leurs préposés, qui auroient altéré des vins ou toute autre espèce de liquides ou de marchandises dont le transport leur avait été confié, 387. *Voyez Boissons falsifiées.*

Altération des monnaies. Voyez *Contrefaçon*, *Monnaie.*

Amende. Cette peine s'applique aux délits commis tant en matière
correctionnelle qu'en matière criminelle, 9 et 11. — Il y a contrainte par corps pour l'exécution des condamnations à l'amende,
52. — En cas d'insolvabilité, l'individu condamné à l'amende
au profit de l'État, peut obtenir sa liberté provisoire un an après
l'expiration de la peine afflictive et infamante, 53. — Reprise
de la contrainte, s'il survient au condamné des moyens de solvabilité, *ibid.* — Tous les individus condamnés à l'amende pour
un même délit sont solidaires, 55. — Une amende est prononcée contre ceux qui, ayant connaissance de crimes et de complots contre la sûreté de l'État, n'en ont point fait la déclaration,
105. — Quotité de l'amende à laquelle sont condamnés le vendeur et l'acheteur d'un suffrage dans les élections, 113. — Amendes contre les coupables de détention arbitraire, 120; — pour
refus de la part des juges ou officiers du ministère public, de
faire droit à une revendication formelle de l'autorité administrative, 128; pour ordonnances ou mandats décernés, malgré une
réclamation légale, et sans l'autorisation du Gouvernement, contre
ses agens ou préposés prévenus de crimes ou délits dans l'exercice de leurs fonctions, 129. — Amende contre les administrateurs pour entreprise sur les fonctions judiciaires, 131. — Amende
pour avoir fait usage de pièces de monnaie contrefaites ou altérées, après en avoir reconnu les vices, 135 — Amende qui se
prononce contre les coupables de faux lorsqu'il n'y a pas de
confiscation de biens, 164; — contre les dépositaires publics
convaincus de soustractions, 169 à 172. — Amende contre les
fonctionnaires publics, pour concussions par eux commises, 174;
— et pour s'être ingérés dans des affaires ou commerces incompatibles avec leur qualité, 175. — Amende contre les commandans des divisions militaires, les préfets et sous-préfets qui auraient fait le commerce de grains et denrées, 176; — contre les
fonctionnaires publics qui se seraient laissé corrompre, 177 à
181. — Amende pour abus d'autorité contre les particuliers, 184
et suiv — Amendes pour délits relatifs à la tenue des actes de
l'état civil, 192 à 195; — pour exercice de l'autorité publique
illégalement anticipé ou prolongé, 196 et 197 — Amende contre
le ministre d'un culte qui aurait procédé aux cérémonies réli-
gieuses d'un mariage avant la justification de l'acte préalablement
reçu par les officiers de l'état civil, 199 et 200; — contre le
même pour correspondance avec des cours ou puissances étrangères
sur des matières de religion, 207. — Amende pour outrages par
paroles, gestes ou menaces envers des agens de la force publique
dans leurs fonctions, 224. — Amende contre les témoins et les
jurés qui auraient allégué une excuse fausse pour ne pas com-
paraître, 236; — contre les dépositaires publics qui auraient
laissé soustraire, détruire ou enlever des pièces ou autres objets
dont la garde leur était confiée, 254. — Amendes pour dégradation de monumens, 257; — pour entraves apportées au libre

exercice des cultes, 260 à 262; — pour exposition ou distribution de chansons, pamphlets, figures ou images contraires aux bonnes mœurs, 287 *et suiv.* — pour associations ou réunions illicites, 292 *et suiv.* — pour menaces d'attentats punissables de mort, 306 et 307; — pour coups volontairement portés et blessures qui n'ont causé ni maladie ni incapacité de travail, 311 *et suiv.* — pour port d'armes prohibées, 314; — pour vente de boissons contenant des mixtions nuisibles à la santé, 318. — Amende pour homicide et coups involontaires, 319 et 320; — pour attentats aux mœurs, 330 *et suiv.* — pour crimes et délits tendant à empêcher ou détruire la preuve de l'état civil d'un enfant, ou à compromettre son existence, 346 *et suiv.* — pour infraction aux lois sur les inhumations, 358 *et suiv.* — pour calomnie, injures ou révélation de secrets, 371 *et suiv.* — pour altération de vins ou de marchandises confiés à des voituriers, bateliers, etc. 387; — pour contrefaçon ou altération de clefs, 399; — pour larcins et filouteries, 401; — pour escroqueries, 405; — pour abus de confiance, 406 *et suiv.* — pour contravention aux réglemens sur les maisons de jeu et de prêt, 410 et 411; — pour entraves apportées à la liberté des enchères, 412; — pour violation des réglemens relatifs aux manufactures, au commerce et aux arts, 413 *et suiv.* — pour délits des fournisseurs, 430 *et suiv.* — pour destruction, dégradation et dommages de différentes sortes, 437 *et suiv.* — Circonstances atténuantes qui donnent aux tribunaux la faculté de réduire l'amende, 463. — Quotité des amendes à prononcer pour contraventions, et application de ces amendes aux communes, 466. — Contrainte par corps pour le paiement de l'amende, 467. — Terme auquel se borne la détention, pour cet objet, du condamné reconnu insolvable, *ibid.* — Les restitutions et les indemnités dues à la partie lésée, sont, en cas d'insuffisance des biens, préférées à l'amende, 468. — Contraventions qui sont punies d'amendes, 471. Voyez *Condamnation.*

Animaux domestiques. Punition pour avoir tué un de ces animaux dans un lieu dont celui auquel il appartenait était propriétaire, locataire, colon ou fermier, 454. Voyez *Chevaux.*

Animaux malfaisans. Défenses d'en laisser divaguer, et peines contre les propriétaires dans le cas où ces animaux auraient tué ou blessé des bestiaux, 475 et 479.

Apprentis. Voyez *Ouvriers.*

Arbres. Peines contre ceux qui abattraient, mutileraient, couperaient ou écorceraient des arbres appartenant à autrui, 445 à 447. — Accroissement de peine si les arbres étaient plantés sur les places, routes, chemins, rues ou voies publiques ou vicinales ou de traverse, ou si le délit a été commis pendant la nuit, et en haine d'un fonctionnaire public, 448 et 450. — Peine pour déplacement ou suppression d'arbres destinés à servir de limites, 456.

Archivistes. Peines, par eux encourues lorsqu'ils ont laissé commettre des soustractions, destructions et enlèvemens de pièces, etc, dont ils étaient dépositaires, 254.

Argent. Voyez *Matières d'or ou d'argent, Récompenses.*

Armes. Peine de mort, avec confiscation de biens, contre tout Français qui aurait porté les armes contre la France, 75. — Même peine contre les auteurs d'attentats ou complots ayant pour but d'armer les citoyens les uns contre les autres, 91; — et pour avoir procuré des armes et munitions à des bandes formées dans les intentions de pillage public, 96 et 268. — Instrumens compris sous le mot *armes*, 101. — Peines pour transmission d'armes destinées à favoriser l'évasion des prisonniers, 243; — pour fabrication, débit ou port de stylets, de tromblons ou d'autres armes prohibées, 314; — pour vols commis par des individus porteurs d'armes, 361, 382, 385 et 386; — pour abandon dans les rues les chemins ou les champs, d'armes ou instrumens nuisibles entre les mains des malfaiteurs, 471 et 472; — pour mort ou blessures d'animaux ou bestiaux par l'emploi d'armes sans précaution, 379. Voyez *Confiscations particulières, Instrumens de crime, Port d'armes, Réunion armée, Vagabondage.*

Arrestation. Peines encourues pour arrestations illégales, 341 et suiv. Voyez *Séquestration, Surveillance de la haute police.*

Arrêtés généraux. Peines encourues par les fonctionnaires de l'ordre judiciaire ou de l'ordre administratif qui auraient pris des arrêtés généraux tendant à intimer des ordres ou des défenses concernant leurs attributions respectives, 127 et 130.

Arrêts. Ceux qui prononcent la condamnation du parricide sont lus au peuple, par un huissier, au moment où le coupable est exposé sur l'échafaud, 13. — On imprime par extrait les arrêts qui portent peine de mort, des travaux forcés, de la déportation, du carcan, du bannissement ou de la dégradation civique, 36. — Dans quelles communes ces arrêts sont affichés, *ibid.* Voyez *Bannissement, Exécution judiciaire, Place publique, Réglemens de police.*

Arsenaux. Voyez *Bandes armées, Incendie, Mine, Places de guerre, Plans.*

Artifice. Peines pour contravention aux défenses de tirer en certains lieux des pièces d'artifice, 471 et 472. Voyez *Incendie.*

Artifices. Peine encourue par ceux dont les artifices auraient provoqué à un crime ou délit, 60.

Arts. Voyez *Manufactures.*

Ascendans. Voyez *Déclaration, Révélation.*

Assassinat. En quelles circonstances le meurtre est ainsi qualifié, 296. — Peine de ce crime, 302. — Punition des malfaiteurs qui emploient des tortures ou commettent des actes de barbarie, 303.

Associations. On n'en peut former une de plus de vingt personnes dans le but de se réunir pour s'occuper d'objets religieux, littéraires, politiques, etc. sans avoir obtenu l'agrément du Gouvernement, 291 *et suiv.* — Peines encourues par les membres de ces assemblées dans le cas où il y aurait été fait, par discours, exhortations, invocations ou prières, des provocations à des crimes ou à des délits, 293. — L'autorisation du Gouvernement est nécessaire à tout individu pour accorder l'usage de sa maison aux membres d'une société quelconque, 294.

Associations de malfaiteurs. Voyez *Malfaiteurs.*

Ateliers. Voyez *Boutiques, Ouvriers.*

Attaque. Voyez *Rebellion.*

Attentat. Qualification et peine de l'attentat ou complot commis contre la personne de l'Empereur ou contre les membres de la famille impériale, dans l'intention de détruire le Gouvernement, etc. 86 à 90. — Dans quels cas il y a attentat, 88. — Peines encourues pour actes attentatoires à la liberté individuelle, aux droits civiques, ou aux constitutions de l'Empire, 114 *et suiv.* Voyez *Menaces, Mœurs.*

Attestation. Celle de deux citoyens connus est nécessaire pour la délivrance d'un passe-port, 155.

Attribution. Peines encourues par les fonctionnaires publics qui excèdent les pouvoirs attachés à leurs attributions respectives, 127 et 130.

Attroupement. Voyez *Droits civiques.*

Aubergistes. Voyez *Hôteliers.*

Auteurs. Le *maximum* des peines attachées aux délits commis par la voie d'écrits ou images anonymes leur est infligé, 289. Voyez *Contrefaçon, Écrits, Indemnités, Théâtres.*

Autorisation. Forfaiture encourue par les officiers de police judiciaire ou magistrats qui auraient provoqué, donné ou signé une ordonnance ou un mandat tendant à la poursuite personnelle ou accusation d'un ministre, ou d'un membre du Sénat, du Conseil d'état ou du Corps législatif, sans les autorisations prescrites par les constitutions, 121. — Il en serait de même pour l'ordre donné, sans ces autorisations, et hors le cas de flagrant délit ou de clameur publique, de saisir et arrêter les mêmes personnes, *ibid.* — Peines contre les magistrats qui, sans l'autorisation du Gouvernement, et malgré la réclamation des parties intéressées ou de l'autorité administrative, auraient décerné des mandats contre ses agens ou préposés, pour délits commis dans l'exercice de leurs fonctions, 129. — L'agrément du Gouvernement est nécessaire pour des réunions religieuses, littéraires ou politiques de plus de vingt personnes, 291.

Autorité. Voyez *Abus de pouvoir.*

Autorité publique. Peines contre ceux qui auraient illégalement anticipé ou prolongé l'exercice de l'autorité publique, 196 et 197. — Peines pour censures, critiques ou provocations dirigées contre l'autorité publique dans un discours pastoral prononcé publiquement, 201 *et suiv.* — pour résistance, désobéissance et autres manquemens envers l'autorité publique, 209 *et suiv.* — pour outrages et violences envers les dépositaires de l'autorité et de la force publique, 222 *et suiv.* Voyez *Bannissement, Déportation.*

Autorités administratives. Peines encourues par les membres de ces autorités pour entreprises sur le pouvoir législatif ou sur les attributions des autorités judiciaires, 130 et 131.

Autorités judiciaires. Peines contre les juges, les procureurs généraux ou impériaux, leurs substituts, et les officiers de police judiciaire qui se seraient immiscés dans les affaires attribuées aux autorités administratives, 127 *et suiv.* Voyez *Déni de justice.*

Avortement. Peines encourues par ceux qui, au moyen de breuvages ou médicamens, auraient procuré l'avortement d'une femme enceinte, et par la femme qui s'en serait servie, 317.

B

Baisse. Peine contre ceux qui, par des voies ou moyens frauduleux, auraient opéré la hausse ou la baisse du prix des denrées et marchandises, et des papiers et effets publics, 419.

Ban. Amende pour contravention aux bans de vendanges ou autres bans autorisés par les réglemens, 475.

Bandes armées. Ceux qui se mettent à la tête de ces bandes formées dans le dessein d'envahir des domaines, propriétés ou deniers publics, places, villes, forteresses, postes, magasins, arsenaux, ports, vaisseaux ou bâtimens appartenant à l'État, ou pour piller des propriétés publiques, sont punis de mort, 96. — Crimes dont la simple tentative fait encourir la même peine à tous les individus composant les bandes armées, 97. — Peine contre ceux qui, connaissant le but et le caractère des bandes, leur ont fourni des logemens ou lieux de retraite, 94. — Peines pour pillage ou dégât de marchandises, effets et propriétés mobilières, commis en réunion ou bande et à force ouverte, 440 à 442.

Bannissement. Cette peine est infamante, 8. — Incapacité résultant de la condamnation au bannissement, 28. — Le condamné est transporté hors du territoire de l'Empire, 32. — *Minimum* et *maximum* de la durée du bannissement, *ibid*. — Le banni rentré est condamné à la déportation, 33. — De quel jour se compte la durée du bannissement, 35. — Pendant quel temps les bannis restent sous la surveillance de la haute police, 48. — Lorsqu'un individu déja condamné a commis un second crime emportant la peine du bannissement, on lui inflige celle de la réclusion, 56. — Peine que subit l'individu âgé de moins de seize ans, qui, agissant avec discernement, a encouru celle du bannissement, 67, — Tout agent qui a livré des plans de fortifications, arsenaux, ports ou rades, aux agens d'une puissance étrangère, neutre ou alliée, est banni, 81. — Même peine contre l'individu qui, par des actions hostiles et sans l'approbation du Gouvernement, aurait exposé l'État à une déclaration de guerre, 84; — et contre celui qui aurait, par cette conduite, exposé des Français à éprouver des représailles, 85. — Attentats et complots dont la proposition, même non agréée, est punie du bannissement, 87 et 90. — Provocations au pillage qui font encourir la même peine, quand elles seraient restées sans effet, 102. — Délits relatifs à l'exercice des droits civiques, pour lesquels on encourt la peine du bannissement, 110. — Même peine contre les ministres qui auraient refusé de réparer des actes attentatoires à la liberté, par eux faits ou ordonnés, 115; — contre les fonctionnaires publics qui auraient concerté des mesures pour s'opposer à l'exécution des lois ou des ordres du Gouvernement, 124; — contre l'officier public qui, sans les attestations requises, aurait délivré un passe-port à une personne de lui inconnue, 155, — ou qui, instruit de la supposition de nom, aurait délivré le passe-port sous le nom supposé, *ibid* — Bannissement pour fabrication de fausses feuilles de route, 156; — pour délivrance d'une fausse feuille par un officier public instruit de la supposition de nom, 158. — Faux certificats de maladie qui font encourir la même peine aux médecins, chirurgiens ou officiers de santé, 160 — Pareille peine portée contre le ministre d'un culte qui aurait provoqué la désobéissance aux lois par un discours pastoral, 203 et 204; — et contre l'individu condamné à s'éloigner du lieu de la résidence du magistrat par lui frappé, dans le cas où il aurait enfreint cet ordre, 229. Voyez *Arrêts, Condamnés, Transportation*.

Banque. Voyez *Billets, Effets publics*.

Banqueroute. Peines des banqueroutiers frauduleux, de leurs complices, et des banqueroutiers simples, 402 et 403. — Peine des agens de change et des courtiers, en cas de faillite ou de banqueroute frauduleuse, 404.

Barres. Voyez *Instrumens d'agriculture*.

Bateliers. Peines pour vols commis par les bateliers, 386 ; — et pour altération de liquides dont le transport leur a été confié, 387. Voyez *Boissons falsifiées, Incendie, Mine.*

Bâtimens. Voyez *Destruction, Incendie, Mine.*

Bâtimens de guerre. Voyez *Bandes armées, Commandement militaire.*

Besoins. Peines encourues par celui qui aurait abusé des besoins d'un mineur pour lui faire souscrire des obligations préjudiciables, 405.

Bestiaux. Peines contre ceux qui auraient empoisonné des bestiaux ou qui en auraient tué sans nécessité, 452 et 453. Voyez *Épizootie, Rouliers.*

Bêtes de charge et de monture. Voyez *Champs, Emprisonnement.*

Biens. Voyez *Confiscation générale, Curateur, Interdiction, Provision.*

Billets. Peine contre ceux qui auraient volontairement brûlé ou détruit des billets ou lettres de change, 439. Voyez *Effets publics.*

Blanc-seing. Peine pour en avoir abusé, 407.

Blessures. Peine contre tout individu qui aurait frappé un magistrat dans l'exercice de ses fonctions ou à l'occasion de cet exercice, 228 et 229 ; — contre celui qui aurait commis les mêmes violences envers un officier ministériel, 231. — Peine de mort quand les blessures portent le caractère du meurtre, 233. — Peines encourues pour blessures et coups volontaires non qualifiés de meurtre, 309 et suiv. Voyez *Castration, Contusion, Enfant, Violences.*

Bois. Peines encourues pour vol de bois dans les ventes, 388 ; — pour incendie de bois et forêts occasionné par des feux allumés à moins de cent mètres, 458. Voyez *Champs, Terrain.*

Boissons falsifiées. Peines contre ceux qui vendent des boissons falsifiées et contenant des mixtions nuisibles à la santé, 318, 475 et suiv. — contre les voituriers, bateliers et autres qui ont altéré les boissons dont le transport leur était confié, 387.

Bornes. Peine pour vol accompagné d'enlèvement ou de déplacement de bornes séparant les propriétés, 389. Voyez *Limites.*

Boulet. On attache un boulet aux pieds des individus condamnés aux travaux forcés, 15.

Boutiques. Défenses d'empêcher d'ouvrir ou de fermer, pendant certains jours, les ateliers, boutiques ou magasins, et de faire ou quitter certains travaux, 260.

Breuvage. Peine contre ceux qui auraient indiqué et contre la femme enceinte qui aurait employé des breuvages propres à procurer l'avortement, 317. Voyez *Boissons falsifiées.*

Brigandage. Peines contre ceux, connaissant la conduite criminelle des malfaiteurs exerçant des brigandages, leur fourniraient logement ou lieu de retraite, 61. *Voyez Secours.*

Bris de prison. Voyez *Prison.*

Bris de scellés. Voyez *Scellés.*

Bruits nocturnes. Peines contre les auteurs ou complices de bruits ou tapages injurieux ou nocturnes, 479 et 480.

Bulletins. Voyez *Écrits.*

C

Cabanes de gardiens. Peine pour rupture ou destruction de ces cabanes, 451.

Cadenas. Voyez *Clefs*, *Effraction.*

Calomnie. Peines contre les coupables du délit de calomnie, 367, et suiv.

Cannes. Les couteaux, les ciseaux de poche et les cannes simples ne sont réputés armes que lorsqu'on en fait usage pour frapper, blesser ou tuer, 101.

Carcan. Cette peine est infamante, 8. — Ceux qui ont été condamnés à la peine des travaux forcés ou à la réclusion, sont, pendant une heure, attachés au carcan sur la place publique, 22 et 24. — Fonctions que l'on ne peut jamais déférer à ceux qui ont été condamnés au carcan, 28. — Celui qui, après une condamnation, a commis un second crime emportant la peine de la dégradation civique, est condamné au carcan, 56. — L'individu âgé de moins de seize ans, qui, agissant avec discernement, a encouru la peine du carcan, est condamné à être enfermé dans une maison de correction, 67. — Cette peine est infligée à ceux qui, chargés dans un scrutin du dépouillement des billets contenant les suffrages des citoyens, en auraient falsifié ou soustrait de la masse, 111 ; — aux individus qui ont fait une application ou usage illicite des sceaux et timbres employés par le Gouvernement, par une autorité quelconque ou par un établissement particulier à la marque des denrées ou marchandises, 143. — Peine du carcan contre les fonctionnaires publics qui se seraient laissé corrompre, 177. — Les fonctionnaires publics sont condamnés à la réclusion pour un crime qui, à l'égard de tout autre, n'emporterait que la peine du carcan, 198. — Peine du carcan pour coups portés à un magistrat à l'audience d'une cour ou d'un tribunal, 228. — Celui qui aurait frappé le ministre d'un culte dans ses fonctions, est puni du carcan, 263. Voyez *Arrêts*, *Exposition publique.*

Carrières. Peine pour vol de pierres dans les carrières, 388.

Castration. Peines encourues pour ce crime, 316. — Circonstance qui le range dans la classe du meurtre ou des blessures excusables, 325.

Caution. Celle qu'est tenu de fournir un condamné mis sous la surveillance de la haute police de l'État, 44. — Cas où les personnes qui se sont rendues caution d'un individu mis sous la surveillance spéciale de l'État, peuvent être contraintes, même par corps, au paiement des sommes portées dans l'acte, 46. — Objets auxquels les sommes recouvrées sont affectées de préférence, *ibid.* Voyez *Contrainte, Surveillance de la haute police, Vagabondage.*

Censure de l'autorité publique. Voyez *Autorité publique.*

Certificats. De quelles peines sont punis les auteurs de faux certificats dont il pourrait résulter lésion envers des tiers, ou préjudice envers le trésor public, 161. — Individus à l'égard desquels les peines pour faux certificats sont portées au *maximum* 281.

Certificats de bonne conduite. Voyez *Certificats d'indigence.*

Certificats de maladie ou infirmité. Peines pour fabrication d'un certificat de cette nature sous le nom d'un médecin, chirurgien ou officier de santé, 159; — et contre ceux de ces officiers qui, pour dispenser quelqu'un d'un service public, auraient eux-mêmes délivré un pareil certificat, 140.

Certificats d'indigence. Peine encourue par ceux qui, sous le nom d'un fonctionnaire ou officier public, auraient fabriqué un certificat d'indigence ou de bonne conduite, ou qui auraient falsifié un certificat de cette espèce, ou s'en seraient servis, 161.

Chaîne. Les individus condamnés aux travaux forcés, sont attachés deux à deux avec une chaîne, 15.

Champs. La peine de la réclusion est infligée à ceux qui ont volé, dans les champs, des chevaux ou bêtes de charge, des instrumens d'agriculture, des récoltes ou meules de grains, 388. — Même peine pour vols de bois dans les ventes, de pierres dans les carrières, ou de poissons dans les étangs, viviers et réservoirs, *ibid.* — et pour vol, enlèvement ou déplacement de bornes, 389. — Emprisonnement pour rupture ou destruction d'instrumens d'agriculture, de cabanes de gardiens, ou de parcs de bestiaux, 451.

Chansons. Voyez *Gravures.*

Chantiers. Voyez *Incendie.*

Chargement. Voyez *Rapidité, Rouliers.*

Charretiers. Voyez *Rouliers.*

Charrue. Voyez *Instrumens d'agriculture.*

Chaussées. Voyez *Digues.*

Cheminées. Amende encourue par ceux qui ont négligé d'entretenir, réparer ou nettoyer les fours, cheminées ou usines où l'on fait usage du feu, 471.

Chemins. Peines pour vols commis sur les grands chemins, 383. Voyez *Arbres, Jeux de hazard, Rouliers.*

Chemise. Le coupable condamné à mort pour parricide est conduit au supplice en chemise, 13.

Chenilles. Peines pour avoir négligé d'écheniller dans les campagnes et jardins où ce soin est prescrit, 471.

Chevaux. Peine encourue pour empoisonnement de chevaux ou autres bêtes de voiture, de monture ou de charge, de bestiaux à cornes, de moutons, de chèvres ou de porcs, 452. — Peine pour avoir tué l'un de ces animaux sans nécessité, 453. Voyez *Champs.*

Chèvres. Voyez *Chevaux.*

Chiens. Peine à infliger à ceux qui excitent leurs chiens contre les passans, 475.

Chirurgiens. Voyez *Avortement, Certificats de maladie, Secret.*

Chute. Peine pour avoir exposé au — devant des édifices des choses de nature à nuire par leur chute, 471.

Ciseaux de poche. Voyez *Armes, Cannes.*

Clameur publique. Peine pour refus de secours en cas de clameur publique, 475. Voyez *Mandat.*

Clauses. Voyez *Actes.*

Clefs. Peines pour vols commis à l'aide de fausses clefs dans une maison habitée, 381 et 384. — La loi qualifie fausses clefs les crochets, rossignols, passe-partout, clefs imitées, contrefaites ou qui n'ont pas été destinées aux serrures, cadenas et fermetures auxquels le coupable les a employées, 398. — Peine pour contrefaçon ou altération des clefs, 399.

Clôtures. Peines à prononcer contre celui qui tuerait un animal domestique en violant la clôture, 454 et 455. — Peines pour destruction de clôtures, 456. Voyez *Effraction, Enclos, Escalade.*

Coalition. Quelles peines sont à infliger pour coalition formée par des fonctionnaires publics, 123 et suiv. — pour coalition formée entre ceux qui font travailler des ouvriers, à l'effet de produire un abaissement injuste de leurs salaires, 414, — et par les ouvriers qui, au moyen d'amendes, de défenses et de proscriptions, veulent faire cesser les travaux, 415 et 416.

Collusion. Voyez *Officiers de l'état civil.*

Commandant de la force publique. Voyez *Violences.*

Commandans militaires. Voyez *Détenus, Force publique, Grains.*

Commandement militaire. Peine de mort, avec confiscation de biens, contre ceux qui, sans droit ou motif légitime, auraient pris un commandement militaire, ou tenu une troupe rassemblée après l'ordre de licenciement ou de séparation, 93.

Commerce. Voyez *Confiscations particulières*, *Grains*, *Manufactures.*

Commis. Peines contre les préposés ou commis du Gouvernement ou de dépositaires particuliers, qui auraient soustrait ou détourné des actes et titres, 173.

Commissaires de police. Voyez *Maires.*

Communes. Voyez *Dévastation.*

Compagnons. Voyez *Coalition*, *Ouvriers.*

Complices. Peines encourues par les complices d'un crime ou d'un délit, 59. — Circonstances qui établissent la complicité, 60 à 62 — Peines des complices d'adultère, et preuves admissibles contre eux, 338 — Comment sont punis les complices de banqueroute frauduleuse, 403.

Complot. Ce qui le constitue, 89. — Peines encourues pour simple proposition de complot, 90 — Discours, écrits et placards qui donnent lieu à l'application des mêmes peines, 102. — Peine pour le seul fait de non-révélation des complots, 103; — et pour coalition de la part de fonctionnaires publics, 125. Voyez *Attentat.*

Comptable. Peine contre tout dépositaire ou comptable public qui aurait détourné ou soustrait des deniers publics ou privés, des pièces ou effets mobiliers à lui confiés, 169.

Concierges. Peines encourues par les gardiens et concierges des maisons de dépôt, d'arrêt, de justice ou de peine, qui se sont rendus coupables de détention arbitraire, 120. Voyez *Détenus*, *Prisonniers.*

Conclusions. Voyez *Ministère public.*

Concubinage. Amende encourue par le mari qui entretient une concubine dans sa maison, 339.

Concussion. Faits qui constituent ce délit, et peine des coupables, 174.

Condamnation. La condamnation aux peines établies par la loi est toujours prononcée sans préjudice des restitutions et dommages-intérêts qui peuvent être dus aux parties, 10 — Condamnations qui emportent mort civile, 18. — Jours pendant lesquels on ne peut exécuter aucune condamnation, 25. — Condamnations qui peuvent être prononcées pour crimes ou délits, 44 et suiv. — La contrainte par corps a lieu pour l'exécution des condamnations à l'amende, aux restitutions, aux dommages-intérêts et aux frais, 52. — Peines de la récidive pour crimes et délits, 56 à 58. — Modification des peines pour crimes et délits commis par des individus âgés de moins de seize ans, 66. Voyez *Arrêts*, *Restitution*, *Solidarité.*

Condamnés. Droits dont la condamnation à la peine des travaux forcés à temps, au bannissement, à la reclusion et au carcan, emporte la déchéance, 28 — Les biens des condamnés ne peuvent leur être remis pendant la durée de leur peine, et il ne peut leur être rien payé. 30 et 31. Voyez *Détenus.*

Conduite. Voyez *Certificats d'indigence*, *Évasion de détenus*, *Rouliers.*

Confiance. Voyez *Abus de confiance.*

Confiscation générale. Il y a des cas où la confiscation générale peut être prononcée concurremment avec les peines afflictives, 7. — Confiscation spéciale qui est au rang des peines communes aux matières criminelle et correctionnelle, 11. — La confiscation générale est l'attribution des biens du condamné au domaine de l'État, 37. — Il faut que la loi la prononce pour pouvoir l'ordonner, *ibid.* — Dettes légitimes et alimens dont est grevée la confiscation générale, 38 — Parens en faveur desquels l'Empereur peut disposer des biens du condamné, 39. — Confiscation des biens de tout Français qui a porté les armes contre la France, ou qui a pratiqué des machinations et entretenu des intelligences avec les puissances étrangères, 75 à 77 — Pareille confiscation contre tout agent qui aurait livré à l'ennemi des plans de fortifications, etc. 81 et 82. — Le crime de lèse-majesté emporte confiscation de biens, 86. — Il en est de même d'attentats ou complots formés contre les membres de la famille impériale, ou contre le Gouvernement, 87; — et de crimes tendant à troubler l'État, 91 *et suiv.* — La contrefaçon ou l'altération des monnaies donne aussi lieu à la confiscation, 132 — Pareille peine pour contrefaçon du sceau de l'État et de billets de banque ou autres effets publics, 139.

Confiscations particulières. Commerce illicite qui donne lieu à la confiscation des denrées, 96. — Confiscations qui se font au profit des hospices, 180 — Confiscation des exemplaires saisis d'écrits, images ou gravures, distribués sans nom d'auteur, 286 et 287. — La confiscation a aussi lieu pour les armes prohibées, 314; — pour les boissons falsifiées, 318; — pour l'argent et les récompenses reçus par un faux témoin, 364; — pour les fonds ou les effets exposés au jeu ou mis à la loterie dans les rues, 410; — pour les marchandises à l'égard desquelles il y a eu violation des réglemens relatifs aux produits des manufactures françaises, 413; — pour celles qui ont été vendues à faux poids, ou pour les matières d'or et d'argent, et les pierres sur le titre et la qualité desquelles on a trompé, 423; — pour les ouvrages contrefaits, ainsi que pour les planches, moules ou matrices, 427; — pour les recettes de représentations d'ouvrages dramatiques, faites au mépris des réglemens concernant la propriété des auteurs, 428. — A qui est remis le produit de ces deux dernières sortes de confiscations, 429. — La confiscation est une des peines de police, 464. — Les tribunaux de police peuvent, dans les cas déterminés par la loi, prononcer la confiscation des choses saisies ou du produit des contraventions, 470. — Divers cas où il y a lieu à la confiscation, 477 et 481. Voyez *Contrefaçon*, *Faux témoignage*, *Jeux de hasard*.

Conflit. Injonction aux juges et autres magistrats de se désister de la connaissance de matières attribuées aux autorités administratives, sur la notification à eux faite d'un conflit, 127. Voyez *Revendication*.

Connivence. Peine contre les préposés à la garde ou à la conduite d'un détenu pour crimes ou délits, qui l'auraient laissé évader par connivence, 338 *et su*. — Ils sont en outre condamnés à des dommages-intérêts envers la partie civile, 245.

Conscription militaire. Les lois pénales et les réglemens qui la concernent doivent continuer de recevoir leur exécution, 235.

Conseil de famille. Attentats aux mœurs, pour lesquels toute participation aux conseils de famille est interdite, 335.

Conseil d'état. Voyez *Forfaiture*, *Mandat*.

Consentement. Amende et emprisonnement encourus par l'officier de l'état civil qui ne s'est pas assuré du consentement des père et mère, dans les circonstances où leur consentement est nécessaire pour la validité d'un mariage, 193.

Conspiration. Voyez *Lèse-majesté*.

Constitutions. De quelles peines sont punis les actes attentatoires à la liberté individuelle, aux droits civiques, et aux constitutions de l'Empire, 114. — Peines contre les ministres qui auraient refusé ou négligé de faire réparer ces actes, 115 et 116; — et contre les auteurs de fausses signatures du nom d'un ministre, et ceux qui en auraient sciemment fait usage, 118.

Construction. Voyez *Destruction*.

Contrainte par corps. Les personnes qui ont cautionné un individu mis sous la surveillance du Gouvernement, et condamné ensuite pour délits commis postérieurement, sont contraignables, même par corps, au paiement des sommes portées dans l'acte, 46. — On peut poursuivre par cette voie l'exécution des condamnations à l'amende, aux restitutions, aux dommages-intérêts et aux frais, 52. — Il en est de même pour de pareilles condamnations prononcées en matière de simple police, 467 et 469. Voyez *Rebellion*.

Contravention. On appelle ainsi l'infraction des lois de police, 1. — Les dispositions du Code ne sont pas applicables aux contraventions militaires, 5. — Contraventions de police, 464 *et suiv*. Voyez *Peines*.

Contrefaçon. Celle des monnaies d'or et d'argent ayant cours légal en France, est punie de mort avec confiscation de biens, 132.

— Peines pour contrefaçon ou altération des monnaies de billon ou de cuivre, etc. 133 *et suiv.* — Ce qu'on entend par contrefaçon à l'égard des écrits, des compositions musicales, dessins, gravures, etc., et peines encourues pour ces contrefaçons et pour leur débit, 425 *et suiv.*

Contributions. Voyez *Force publique.*

Contusion. Peines pour vols commis avec violence, quand elle n'aurait laissé aucune trace de blessure ou de contusion, 385. Voyez *Blessures.*

Conventions. Peines pour fabrication de conventions, de dispositions, d'obligations ou décharges, ou pour leur insertion après coup dans les actes, 147.

Corps législatif. Voyez *Forfaiture, Mandat.*

Correspondance. Peines pour correspondance criminelle avec les ennemis de l'État, 77 *et suiv.* — dans l'intérieur, 123. Voyez *Ministres des cultes.*

Corruption. Peines encourues par ceux qui auraient employé la corruption pour soustraire et livrer à l'ennemi des plans d'arsenaux, etc. 82 — Actes par lesquels les fonctionnaires publics qui se sont laissé corrompre, encourent des peines plus ou moins graves, 177 et 178. — Peines contre le corrupteur, 179 et 180 ; — et contre le juge prononçant en matière criminelle ou contre le juré qui se serait laissé corrompre, 181 et 182. Voyez *Dons, Mœurs, Présens.*

Costume. Peines pour avoir publiquement porté un costume dont on n'avait pas le droit de se revêtir, 259 ; — pour avoir fait une arrestation illégale sous un faux costume, 344 ; — pour vol commis sous l'uniforme ou le costume d'un fonctionnaire public ou d'un officier civil ou militaire, 381 et 384.

Coupables. Voyez *Excuses.*

Coups. Peine encourue pour coups portés à un magistrat ou à un officier ministériel à l'occasion de leurs fonctions, 232. Voyez *Blessures.*

Cours. Voyez *Monnaie.*

Courtiers. Voyez *Banqueroute.*

Couteaux. Voyez *Armes, Cannes.*

Coutres de charrue. Voyez *Instrumens d'agriculture.*

Crieurs. Peines infligées aux crieurs qui auraient contribué à la distribution d'écrits publiés sans nom d'auteur ni d'imprimeur, 283. — Circonstances dans lesquelles ils sont punis comme complices, 285 — Amende et emprisonnement lorsqu'il s'agit de distribution de chansons, pamphlets, figures ou images contraires aux bonnes mœurs, 287. — Cas où les peines sont susceptibles de réduction, 284 et 288. — Les crieurs doivent se munir d'une autorisation de la police, 290. — Peines pour le cas de récidive, 475 et 478.

Crime. Infraction des lois qui est ainsi qualifiée, 1. — Cas dans lequel la tentative de crime est considérée comme le crime même, 2. — Les dispositions du Code ne sont pas applicables aux crimes militaires, 5. — Il n'y a ni crime ni délit si le prévenu était en démence, ou s'il a été contraint par une force majeure, 64. — Crimes et délits contre la chose publique, 75 *et suiv.* — contre les personnes, 245 *et suiv.* — contre les propriétés, 379 *et suiv.* Voyez *Complices, Complot, Délit, Démence, Excuses, Peines, Récèlement, Récidive, Révélation.*

Criminels. Voyez *Récèlement.*

Critique. Voyez *Autorité publique.*

Crochets. Voyez *Clefs.*

Cultes. Peines pour troubles apportés à l'ordre public par les ministres du culte dans l'exercice de leur ministère, 199 *et suiv.* — Peines pour entraves apportées au libre exercice des cultes, 260 *et suiv.* — Ceux qui, sans l'autorisation du Gouvernement, auraient accordé leur maison pour l'exercice d'un culte, encourraient la peine d'une amende, 294. Voyez *Boutiques, Fêtes religieuses.*

Curateur. Celui qui est nommé pour gérer et administrer les biens d'un interdit pendant la durée d'une condamnation aux travaux forcés à temps, ou à la reclusion, 29 et 30. Voyez *Incapacité, Tutelle.*

Curés. Voyez *Ministres des cultes.*

D

Débauche. Voyez *Mœurs, Prostitution.*

Débitans. Voyez *Boissons falsifiées, Crieurs.*

Décharge. Voyez *Convention, Extorsion.*

Déclaration. Complots et projets de crimes dont les citoyens sont tenus de faire leur déclaration, 103 *et suiv.* — Déclaration prescrite aux personnes qui ont assisté à un accouchement, ou qui ont trouvé un enfant nouveau-né, 347. Voyez *Actes.*

Décoration. Peine encourue par celui qui aurait porté publiquement une décoration sans y être autorisé, 259.

Décrets impériaux. Voyez *Lois.*

Défense. Cas de légitime défense dans lesquels l'homicide est excusable, 328 et 329.

Défenses. Voyez *Arrêtés généraux, Coalition, Plaidoyers.*

Dégât. Voyez *Pillage.*

Dégradation. Peines pour accidens causés par la dégradation et le défaut d'entretien des maisons, etc. 479. Voyez *Destruction, Monumens.*

Dégradation civique. Elle est au nombre des peines infamantes, 8. — Ses effets, 34. — Peine du carcan encourue par celui qui, déjà condamné pour crime, en aurait commis un autre emportant la dégradation civique, 56. — Cas dans lesquels la peine de la dégradation civique est prononcée contre les fonctionnaires publics, 119, 121, 122, 127 et 130. — La forfaiture pour laquelle la loi ne prononce pas de peines plus graves, est punie de la dégradation civique, 167 et 183. — Même peine pour faux serment en matière civile, 366. Voyez *Arrêtés généraux, Forfaiture.*

Délaissement. Voyez *Enfant.*

Délibérations de famille. Les tribunaux jugeant correctionnellement peuvent, dans certains cas, interdire temporairement l'exercice du droit de vote et de suffrage dans ces délibérations, 42 et 43.

Délit. Sa définition, 1. — Cas dans lesquels la tentative du délit est considérée comme le délit lui-même, 3. — Les dispositions du Code ne sont pas applicables aux délits militaires, 5. — Peines encourues pour délits commis par récidive, 56 à 58. Voyez *Complices, Crime, Démence, Excuses, Peines, Récèlement.*

Délivrance. Voyez *Femme.*

Démence. Il n'y a ni crime ni délit lorsque le prévenu était en état de démence au temps de l'action, 64.

Démission. Voyez *Forfaiture.*

Déni de justice. Peines contre les juges ou administrateurs qui, sous quelque prétexte que ce soit, même du silence ou de l'obscurité de la loi, auraient dénié de rendre justice aux parties, 185.

Deniers publics. Voyez *Bandes armées.*

Dénonciation. Voyez *Adultère, Calomnie, Détention arbitraire, Fournisseurs, Révélation, Secret.*

Denrées. Voyez *Confiscations particulières, Marchandises.*

Déportation. C'est une peine afflictive et infamante, 7. — En quoi elle consiste, 17. — Le déporté rentré est condamné aux travaux à perpétuité, *ibid.* — Celui qui est saisi dans les pays occupés par les armées françaises, est reconduit au lieu de sa déportation, *ibid.* — L'exercice des droits civils peut être accordé au déporté par le Gouvernement, 18. — L'individu condamné pour crime, qui en a commis un second emportant la déportation, est condamné à la peine des travaux forcés à perpétuité, 56. — Durée de l'emprisonnement auquel est condamné l'individu âgé de moins de vingt ans, qui a encouru la peine de la déportation, 67. — Peine de la déportation contre celui qui, par des actions hostiles non approuvées du Gouvernement, aurait occasionné une guerre, 84. — Même peine contre les individus faisant partie de bandes armées qui ont été saisis sur les lieux 98; — contre les fonctionnaires civils ou militaires qui auraient concerté des mesures pour s'opposer à l'exécution des lois, à la perception d'une contribution légale, etc. 124 et 189. — Contraventions qui font encourir la peine de la déportation au ministre d'un culte, 200, 205 et 206. — Les étrangers déclarés vagabonds peuvent être transportés hors du territoire français, 272. Voyez *Age*, *Arrêts*, *Bannissement*, *Condamnation*.

Dépositaires de l'autorité et de la force publique. Voyez *Autorité publique*, *Force publique*, *Outrages*, *Violences*.

Dépositaires publics. Quelle peine encourent ceux qui auraient détourné ou soustrait des objets confiés à leur garde, 169. Voyez *Scellés*, *Soustraction*.

Dépôt de fausses monnaies. Voyez *Monnaie*.

Dépôts de mendicité. On y conduit les individus trouvés mendiant, 274.

Descendans. Voyez *Déclaration*, *Révélation*.

Dessin. Voyez *Contrefaçon*, *Crime*, *Gravures*.

Destitution. Voyez *Fonctionnaires publics*.

–*Destruction.* Peines infligées par la loi aux individus qui auraient volontairement détruit ou renversé des bâtimens, maisons, édifices, ponts, digues, chaussées ou autres choses immobillières appartenant à autrui, 437; — et à ceux qui auraient volontairement brûlé ou détruit des registres, minutes ou actes originaux de l'autorité publique, des titres, billets, lettres de change, effets de commerce ou de banque contenant obligation ou opérant décharge, 439. Voyez *Monumens*, *Scellé*.

Détention arbitraire. Peine de la dégradation civique, encourue par les fonctionnaires publics chargés de la police, qui auraient refusé ou négligé de déférer à une réquisition tendant à constater des détentions illégales et arbitraires, 119. — Cas dans lesquels les gardiens et concierges des maisons de dépôt, d'arrêt, de justice ou de peine, sont coupables de ce crime, 120. Voyez *Séquestration*

Détenus. Travail auquel on emploie les détenus dans des maisons de correction, 41. — Peines encourues par les huissiers, les commandans en chef ou en sous-ordre, soit de la gendarmerie, soit de la force armée servant d'escorte ou garnissant les postes, les concierges, gardiens, geoliers, et tous autres préposés à la conduite, au transport ou à la garde des détenus, dans le cas où ceux-ci se seraient évadés, 237 et suiv. Voyez *Prisonniers*.

Dettes. Voyez *Confiscation générale*.

Dévastation. Comment sont punis les auteurs de complots ayant pour but de porter la dévastation, le massacre et le pillage dans des communes, 91.

Devins. Peines encourues par les gens qui font le métier de deviner et pronostiquer, ou d'expliquer les songes, 479 à 491.

Digues. Peines contre ceux qui auraient volontairement détruit des digues, des chaussées ou des ponts, 437.

Dimanches. Aucune condamnation ne peut être exécutée les jours de fêtes nationales ou religieuses, ni les dimanches, 25.

Direction des voitures. Voyez *Rapidité.*

Discernement. Les individus âgés de moins de seize ans, qui ont commis des crimes ou délits sans discernement, sont acquittés, 66. — Peines qui se prononcent contre ceux qui, à cet âge, ont agi avec discernement, 67.

Discours. Comment sont punies les personnes qui, par des discours tenus dans des réunions ou lieux publics, par des placards affichés ou par des écrits imprimés, ont provoqué à la rebellion, 217. Voyez *Associations.*

Discours pastoral. Peines pour critiques, censures ou provocations dirigées contre l'autorité publique dans un discours pastoral prononcé publiquement, 201 *et suiv.*

Dispositions. Voyez *Conventions.*

Dispense de service public. Voyez *Certificats de maladie ou infirmité.*

Distributeurs d'écrits, etc. Voyez Écrits.

Divagation. Voyez *Foux.*

Domestiques. Comment sont punis les domestiques ou hommes de service à gages, qui commettent des vols, 386.

Domicile. Voyez *Violation de domicile.*

Dommages. Peine encourue par ceux qui auraient volontairement causé du dommage aux propriétés mobilières d'autrui, 479. Voyez *Destruction.*

Dommages-intérêts. Les sommes recouvrées par le moyen des contraintes exercées contre les cautions d'individus condamnés, sont affectées de préférence aux restitutions, aux dommages-intérêts et frais adjugés aux parties lésées par les crimes et délits, 46. — Dommages-intérêts dus pour attentats à la liberté, 114 et 119. — Comment s'en font la demande et le réglement, 117 et 119. — Dommages-intérêts encourus pour délits commis par abus de confiance, 406; et pour les délits des fournisseurs, 430 et 433. Voyez *Condamnations*, *Plaidoyers*, *Solidarité.*

Dons. On punit comme complices d'une action qualifiée crime ou délit, les individus qui, par dons, promesses, menaces, abus d'autorité ou de pouvoir, machinations ou artifices coupables, ont provoqué à cette action, 60. Voyez *Corruption.*

Droit de passage. Voyez *Passage.*

Droits civils. Le Gouvernement peut accorder au déporté, dans le lieu de la déportation, l'exercice des droits civils, 18. — Droits dont les individus condamnés aux travaux forcés à temps, au bannissement, à la réclusion ou à la dégradation civique,

sont privés, 26 et 34 — Cas où l'on peut interdire temporairement l'exercice des droits civils, 42 et 43. Voyez *Déportation.*

Droits civiques. Les tribunaux, jugeant correctionnellement, peuvent prononcer l'interdiction temporaire de l'exercice des droits
de vote, d'élection et d'éligibilité, 42 et 43 — Peines contre
ceux qui, par attroupement, voies de fait ou menaces, auraient
empêché l'exercice des droits civiques, 109 *et suiv.* — L'interdiction des droits civiques est une des peines encourues par les
fonctionnaires qui concertent des mesures non autorisées par les
lois, 123. Voyez *Interdiction.*

Droits de famille. Voyez *Interdiction.*

E

Échafaud. Le coupable condamné à mort pour parricide, y est
exposé pendant la lecture de l'arrêt, 13.

Échenillage. Voyez *Chenilles.*

Éclairage. Amende encourue pour défaut d'éclairage par les aubergistes et autres qui auraient négligé de se conformer à cette
obligation, 471.

Écriteau. Ce que doit contenir celui qui est placé sur la tête des
individus attachés au carcan, 22.

Écrits. Peine encourue pour délits commis par la publication ou
distribution d'écrits, bulletins, affiches, journaux, etc. qui ne
portent pas de nom d'auteur ou d'imprimeur, 283 à 290. Voyez
*Afficheurs, Contrefaçon, Crieurs, Discours, Extorsion, Menaces,
Plaidoyers.*

Écriture. Peine qui doit être infligée aux fonctionnaires ou officiers publics pour altération d'actes, écritures et signatures, 145.
Voyez *Faux.*

Édifices. Voyez *Destruction, Incendie, Ruine.*]

Édition. Voyez *Contrefaçon*

Effets des peines. Voyez *Peines.*

Effets publics. Peines pour contrefaçon ou falsification des effets
émis par le trésor public avec son timbre, des billets de banques autorisées par la loi, et pour emploi ou introduction de
ces effets, 139; pour voies et moyens frauduleux employés à
l'effet d'opérer la hausse ou la baisse des effets publics, 419;
— pour paris sur cette hausse ou cette baisse, 421 et 422.

Effraction. Ce qui est qualifié effraction, et principes sur cette
matière, 393 *et suiv.* Voyez *Escalade.*

Élection. Voyez *Suffrage, Vote.*

Éligibilité. Les tribunaux, jugeant correctionnellement, peuvent
prononcer l'interdiction temporaire de l'exercice de ce droit lors-

qu'elle est autorisée [par la loi, 42 et 43. — Ceux qui, par menaces ou voies de fait, auraient empêché des citoyens d'exercer leurs droits civiques, sont dans ce cas, 109

Éloignement. Lorsque l'individu mis sous la surveillance de la haute police, ne fournit pas une caution solvable de bonne conduite, le Gouvernement a le droit d'ordonner son éloignement d'un lieu désigné, 44. — Le coupable de voies de fait envers un magistrat, peut être condamné à s'éloigner du lieu où siège ce magistrat, 229.

Empereur. Voyez *Attentat*, *Lèse-majesté.*

Empiétement. Peines pour empiétement de la part des autorités administratives et judiciaires, 127 *et suiv.*

Emplois publics. Cas dans lesquels les tribunaux peuvent interdire l'exercice du droit d'être nommé aux emplois d'administration, 41 et 42. — Les fonctionnaires qui concertent entre eux des mesures non autorisées par les lois, encourent la peine d'une interdiction temporaire de tout emploi public, 123. Voyez *Fonctions publiques.*

Empoisonnement. Quel attentat est ainsi qualifié, et de quelle peine ce crime est puni, 301 et 302. — Peines pour empoisonnement de chevaux ou autres bêtes de voiture, de monture ou de charge, de bestiaux à cornes, de moutons, chèvres ou porcs, ou de poissons dans les étangs, viviers, ou réservoirs, 452.

Emprisonnement. On peut, en matière correctionnelle, ordonner l'emprisonnement à temps dans une maison de correction, 9. — *Maximum* et *minimum* de la durée de l'emprisonnement correctionnel, 40. — Travaux des détenus, et emploi de leur produit, 40 et 41. — Conversion de la peine des travaux forcés ou de la déportation en un emprisonnement, pour les individus âgés de moins de seize ans, qui ont agi avec discernement, 67. — Celui qui a eu connaissance de complots formés contre l'État et ne les a point révélés, est puni d'un emprisonnement, 105. — Même peine pour obstacles apportés à l'exercice des droits civiques, 109; — pour détention arbitraire, 120; — pour concert de mesures en opposition aux lois, de la part de fonctionnaires publics, 123; — pour non-révélation d'une fabrique ou d'un dépôt de monnaies contrefaites, 136; — pour faux commis dans des passe-ports, feuilles de route et certificats, 153 à 161; — pour soustractions commises par des dépositaires publics, 117; — pour concussions de la part de fonctionnaires publics ou leurs préposés, 174; — pour tentatives de contrainte ou de corruption, 179; — pour défaut de vérification, de la part de l'officier public de l'état civil, du consentement donné par les père et mère à la réception d'un acte de mariage, 193; — pour persistance, de la part d'un fonctionnaire public suspendu, destitué ou interdit, à continuer l'exercice de ses fonctions, 197; — pour célébration par récidive des cérémonies religieuses du mariage sans justification préalable de l'acte reçu par les officiers de l'état civil, 200 ; — pour censure de l'autorité publique faite par un ministre du culte dans un discours pastoral, 201 et suiv. — pour rebellion envers les dépositaires de la même autorité, 211, 212, 217 et 218 ; — pour outrages et violences envers les mêmes fonctionnaires, 222 et suiv. — pour refus d'un service dû légalement, 234 et 235 ; — pour évasion de détenus et récèlement de criminels, 238 et suiv. — pour dégradation de monumens, 257 ; — pour entraves au libre exercice des cultes, 260 et suiv. — pour vagabondage et mendicité, 271 et suiv. — pour délits commis par la voie d'écrits, images ou gravures, distribués sous noms d'auteur, imprimeur ou graveur, 283 et suiv. — pour blessures, coups et autres crimes et délits volontaires, 311 et 318 ; — pour homicide, blessures et coups involontaires, 319 et 329 ; — pour délits emportant plus forte peine, mais excusables, 326 ; — pour attentats aux mœurs, 330 et suiv. — pour crimes et délits tendant à empêcher ou détruire la preuve de l'état civil d'un enfant, 346 et suiv. — pour enlèvement de mineurs, 356 ; — pour infraction aux lois sur les inhumations, 358 et suiv. — pour calomnie, injures, révélation de secrets, 371 et suiv. — pour contrefaçon ou altération de clefs, 399 ; — pour larcins et filouteries, 401 ; — pour banqueroute et escroquerie, 402 et suiv. — pour abus de confiance, 406 ; pour contravention aux réglemens sur les maisons de jeu, les loteries et les maisons de prêt sur gages, 410 et 411 ; — pour entraves apportées à la liberté des enchères, 412 ; — pour violation des réglemens relatifs aux manufactures, au commerce et aux arts, 414 et suiv. — pour délits des fournisseurs, 433 ; — pour destruction, dégradation et dommages, 438 et suiv. — pour destruction d'instrumens d'agriculture, etc. 451 ; pour des délits à l'égard desquels des circonstances atténuantes autorisent les tribunaux à réduire la durée de l'emprisonnement, 463. — *Maximum* de la durée de l'emprisonnement pour contraventions de police, 465. — Contraventions punies de l'emprisonnement, 471 et suiv. — Durée de l'emprisonnement pour divers cas de récidive, 474, 478 et 482. Voyez *Age*, *Amende*.

Enchères. Voyez *Adjudication.*

Enclos. Clôture par laquelle un terrain est réputé enclos, 391. — Les parcs mobiles destinés à contenir du bétail dans la campagne, sont aussi réputés enclos, 393. Voyez *Champs.*

Encombrement. Amende contre ceux qui ont causé des accidens par des encombremens et des excavations, 479.

Enfant. Peine de reclusion pour enlèvement, récélé ou suppression d'un enfant, pour substitution d'un enfant à un autre, ou supposition d'un enfant à une femme qui ne serait pas accouchée, etc. 345. — Injonction à ceux qui auraient trouvé un enfant nouveau-né de le remettre à l'officier de l'état civil, 347. — Peines pour avoir porté à un hospice un enfant au-dessous de l'âge de sept ans, dont on s'était chargé, 384 ; — et pour exposition ou délaissement de l'enfant, 349 *et suiv.* Voyez *Accouchement.*

Engagement. Peine encourue pour engagement ou enrôlement de soldats, sans ordre du pouvoir légitime, 92. Voyez *Munitions.*

Enjeux. Voyez *Jeux de hasard.*

Enlèvement. Voyez *Enfant, Mineurs, Scellés.*

Ennemi. Voyez *Espionnage, Intelligences.*

Enrôlement. Voyez *Engagement.*

Entraves. Peines pour entraves à la liberté des enchères, 412.

Entrée. Voyez *Registres.*

Entreprises. Voyez *Adjudication, Fournisseurs, Intérêt.*

Entretien. Voyez *Dégradation, Réparations.*

Épizootie. Injonction aux détenteurs ou gardiens d'animaux ou de bestiaux soupçonnés d'être infectés de maladie contagieuse, d'en avertir le maire de la commune, et de les renfermer provisoirement, 459 à 461.

Époux. Voyez *Adultère, Meurtre.*

Escalade. Les délits commis en repoussant pendant le jour l'escalade ou l'effraction des clôtures sont excusables, 322 et 329. — Comment sont punis les vols commis à l'aide d'effraction extérieure ou d'escalade, dans un logement habité, 384 et 386. — Ce qui constitue l'escalade, 397.

Escroquerie. Peines applicables aux diverses espèces d'escroqueries, 405. Voyez *Interdiction.*

Espionnage. Peines contre ceux qui auraient donné des instructions aux ennemis de l'État, et aggravation lorsque ces instructions ont été la suite d'un concert constituant un fait d'espionnage, 78.; — contre les individus qui auraient recélé des espions ou des soldats ennemis envoyés à la découverte, 83.

Étangs. Voyez *Champs, Empoisonnement, Inondation.*

État. On renvoie sous la surveillance de la haute police, pendant toute leur vie, les individus condamnés pour crimes ou délits qui intéressent la sûreté de l'État, 49. — Faits qui établissent la complicité sur cette matière, 61. — Énumération de crimes contre la sûreté de l'État, 75 et suiv. 86 et suiv. — Peines contre ceux qui, ayant connaissance de ces crimes, n'en font pas la révélation, 103 et suiv. — et pour contrefaçon du sceau de l'État, 139. Voyez *Intelligences.*

État civil. Délits relatifs à la tenue des actes de l'état civil, 192 et suiv. — Peines pour contraventions propres à compromettre l'état civil des personnes, 199 *et suiv.* — Crimes et délits tendant à empêcher ou détruire la preuve de l'état civil d'un enfant, 345.

Étrangers. Voyez *Transportation.*

Évasion de détenus. Peines contre les préposés à la garde ou à la conduite des détenus, qui auraient facilité leur évasion, 237 *et suiv.* Voyez *Détenus.*

Frcatation. Voyez *Encombrement.*

Excès de pouvoir. Voyez *Attribution, Pouvoir.*

Excuses. Les crimes ou délits ne peuvent être excusés, ni la peine mitigée, que dans les cas déclarés excusables, 65. — On n'est pas admis à excuses pour non-révélation de crimes ou complots contre la sûreté de l'État, dont on avait connaissance, 106. — Exceptions, 107. — Peines contre les témoins et les jurés dont les excuses ont été reconnues fausses, 236. — Il y a réduction de peine pour crimes et délits à l'égard desquels l'auteur a été reconnu excusable, 326 — Excuse résultant de cas de légitime défense, 328 et 329. Voyez *Adultère, Age, Blessures, Castration, Meurtre, Parricide, Surveillance de la haute police.*

Exécuteurs des jugemens. Voyez *Violences.*

Exécution judiciaire. Ce qui précède l'exécution d'un coupable condamné à mort pour parricide, 13. Voyez *Condamnation, Place publique, Secours.*

Exhaloisont. Ceux qui jettent ou exposent au-devant de leurs édifices des choses de nature à nuire par des exhalaisons insalubres, sont condamnés à l'amende, 471.

Exhortations. Voyez *Associations.*

Expédition. Voyez *Agens du Gouvernement.*

Expert. Les tribunaux, jugeant correctionnellement, peuvent interdire pour un tems le droit d'être nommé expert, 42 et 43. Voyez *Incapacité.*

Exploitation. Voyez *Adjudication.*

Exposition d'enfant. Voyez *Enfant.*

Exposition publique. Elle se fait en attachant au carcan les individus condamnés aux travaux forcés ou à la réclusion, 22. — C'est du jour de l'exposition que se compte la durée de ces deux peines, 23. — On ne la fait pas subir aux individus ayant moins de seize ans, qui ont été condamnés à des peines afflictives ou infamantes, 68. Voyez *Carcan.*

Extorsion. Peines pour avoir extorqué par force, violence ou contrainte, la signature ou la remise d'un écrit, d'un acte, d'un titre, etc. contenant obligation ou opérant décharge, 400.

F

Fabrique. Peines contre celui qui, à l'aide d'une liqueur corrosive ou par tout autre moyen, aurait volontairement gâté des marchandises ou matières servant à la fabrication, 443. *Voyez Manufactures, Secrets des arts et métiers.*

Faiblesse. Peine pour abus des faiblesses d'un mineur auquel on aurait fait souscrire des actes préjudiciables, 406.

Faillite. Voyez *Banqueroute.*

Faits. Voyez *Actes.*

Falsification. Voyez *Certificats d'indigence, Contrefaçon.*

Famille impériale. Peine pour attentats contre l'Empereur et la famille impériale, 86 *et suiv.*

Farines. Voyez *Grains.*

Faussaires. Voyez *Faux.*

Fausse monnaie. Voyez *monnaie.*

Fausses clefs. Voyez *Clefs.*

Fausses signatures. Voyez *Faux.*

Faux. Peines pour faux commis en écritures publiques ou authentiques et de commerce ou de banque, 145 *et suiv.* — pour faux en écriture privée, 150 à 152; — pour faux commis dans les passe-ports, feuilles de route et certificats, 153 *et suiv.* — Dispositions communes aux différentes sortes de faux, 163 à 165. Celui qui a abusé d'un blanc-seing qu'on ne lui avait pas confié, est poursuivi comme faussaire, 407. *Voyez Certificats.*

Faux témoignage. Peines contre les coupables de faux témoignage, 361 *et suiv.*

Faveur. Voyez *Forfaiture.*

Femme. Celle qui se trouve enceinte au moment où elle est condamnée à mort, ne subit la peine qu'après sa délivrance, 27.

Fermetures. Voyez *Clefs.*

Fenêtres. Voyez *Chute.*

Fêtes nationales. On ne peut exécuter aucune condamnation les jours de fêtes nationales, 25.

Fêtes religieuses. Emprisonnement et amende pour avoir contraint ou empêché de célébrer certaines fêtes, ou d'observer certains jours de repos, 260. *Voyez Dimanches.*

Feu. Voyez *Incendie.*

Feuilles de route. Voyez *Route.*

Feuilles périodique. Voyez *Écrits.*

Feuilles volantes. Défense aux officiers de l'état civil d'inscrire leur actes sur des feuilles volantes, 192.

Figures obscènes. Voyez *Chieurs*, *Gravures*, *Mœurs.*

Filouterie. Amende et emprisonnement pour larcins et filouteries, 401. Voyez *Interdiction*, *Surveillance de la haute police.*

Flagrant délit. Voyez *Adultère*, *Forfaiture*, *Mandat*, *Secours.*

Flétrissure. Empreinte dont sont flétris les individus condamnés aux travaux forcés et les faussaires, 20.

Fonctionnaires publics. La peine de la dégradation civique emporte la destitution et l'exclusion de toutes fonctions ou emplois publics, etc. 28 et 34. — Les tribunaux jugeant correctionnellement peuvent, dans certains cas, prononcer l'incapacité d'exercer les mêmes fonctions, 42 et 43. — Peines pour fausse signature du nom d'un fonctionnaire public ou pour l'usage de cette signature, 118; — pour refus de la part d'un fonctionnaire public chargé de la police, de déférer à une réclamation légale pour détention arbitraire, 119; — pour coalition des fonctionnaires, 123 *et suiv.* — pour empiétement des autorités administratives et judiciaires, 127 *et suiv.* — pour concussions, 174; — pour entreprises d'affaires et de commerce incompatibles avec la qualité de fonctionnaire, 175 et 176; — pour corruption, 177 *et suiv.* — pour persistance à exercer les fonctions d'une place, au mépris d'une révocation, d'une destitution, d'une suspension ou d'une interdiction, 197; — pour participation à des crimes ou délits que les fonctionnaires étaient chargés de surveiller ou de réprimer, 198; — pour viol, 333; — pour connivence avec les fournisseurs chargés d'un service public, 432. Voyez *Administrateurs*, *Agens du Gouvernement*, *Force publique*, *Grains*, *Lettres*, *Serment*, *Violences.*

Fonctions publiques. Peine contre ceux qui, sans titre, se seraient immiscés dans des fonctions publiques, civiles ou militaires, 258. Voyez *Titres.*

Force armée. Peine pour crimes tendant à troubler l'État par l'illégal emploi de la force armée, 91 *et suiv.*

Force publique. Peine encourue par les fonctionnaires publics, agens ou préposés du Gouvernement, qui auraient requis ou ordonné l'emploi de la force publique contre l'exécution d'une loi, la perception d'une contribution légale ou l'exécution d'une ordonnance ou mandat de justice, etc. 188 et 189. — Cas dans lesquels ces peines ne sont point applicables aux fonctionnaires ou préposés inférieurs, et circonstances propres à les augmenter à l'égard des fonctionnaires supérieurs, 190 et 191 — Peines contre les commandans ou officiers de la force publique qui, après en avoir été légalement requis par l'autorité civile, auraient refusé de faire agir la force à leurs ordres, 234. Voyez *Autorité publique, Rebellion.*

Forêts. Voyez *Bois, Incendie.*

Forfaiture. Elle a lieu de la part des officiers de police judiciaire, des procureurs généraux ou impériaux, etc. qui auraient provoqué, donné ou signé un jugement, une ordonnance ou un mandat tendant à la poursuite ou à l'accusation d'un ministre ou d'un membre de premières autorités de l'État, sans les autorisations prescrites par les constitutions, 121. — Il y a également forfaiture de la part des fonctionnaires publics pour délibérations tendant à donner des démissions pour empêcher ou suspendre l'administration de la justice ou l'accomplissement d'un service quelconque, 126. — Autres cas où les juges, les procureurs généraux ou impériaux, etc. encourent la forfaiture, 127. — Il y a forfaiture, toutes les fois qu'un fonctionnaire public a commis un crime dans ses fonctions, 166. — Peine de ce crime lorsque la loi ne prononce pas des peines plus graves, 167. — Les juges ou administrateurs qui se seraient décidés pour ou contre une partie par faveur ou inimitié, sont coupables de forfaiture, 183.

Forteresses. Voyez *Bandes armées, Places de guerre.*

Fortifications. Voyez *Plans.*

Fossés. Sous quelles peines il est défendu d'en combler, 456.

Fournisseurs. Peines pour délits par eux commis, 430 *et suiv.* Voyez *Adjudication.*

Fourrages. Voyez *Grains.*

Fours. Peine pour incendie causé par défaut de nettoyage de fours et de cheminées, 458. Voyez *Cheminées, Incendie.*

Foux. Peines pour avoir laissé divaguer des foux ou furieux, et avoir ainsi occasioné la mort ou la blessure d'animaux ou bestiaux, 465 es 479.

Frais. Cas dans lesquels le condamné qui a été emprisonné pour des frais prononcés au profit de l'État, peut obtenir sa liberté provisoire, 53. Voyez *Condamnation, Dommages-intérêts, Hôteliers, Responsabilité, Solidarité.*

Français. Voyez *Armes, Confiscation générale.*

Fraude. Voyez *Corruption, Marchandises, Mineurs.*

Frère. Voyez *Déclaration, Révélation.*

Fruits. Quelle peine encourent ceux qui cueilleraient ou mangeraient sur le lieu même des fruits appartenant à autrui, 471; — et qui passent dans des terrains chargés de fruits mûrs, 475.

Futaies. Voyez *Fours.*

G

Gage. Voyez *Maisons de prêt.*

Gardes champêtres. Délits de police correctionnelle qui donnent lieu à une peine plus grave lorsque les auteurs sont des gardes champêtres ou forestiers, ou des officiers de police, 434 à 462. Voyez *Rebellion.*

Gardes forestiers. Voyez *Gardes champêtres*, *Rebellion.*

Gardiens de bestiaux. Voyez *Cabanes de gardiens.*

Gardiens de prisons. Voyez *Concierges*, *Détenus.*

Gardiens de scellés. Voyez *Scellés.*

Gendarmerie. Voyez *Détenus.*

Gens sans aveu. Voyez *Vagabondage.*

Geôliers. Voyez *Détenus.*

Gestes. Voyez *Outrages.*

Glanage. Défenses de glaner, de râteler, de grapiller avant que les récoltes ne soient enlevées, ou que le soleil ne soit levé ou couché, 471 et 473.

Gouvernement. Droits qu'exerce le gouvernement sur les individus renvoyés sous la surveillance de la haute police, 44 *et suiv.* — Délits dont les auteurs sont mis à la disposition du Gouvernement après avoir subi leur peine, 271 et 282. Voyez *Agens du Gouvernement*, *Attentat*, *Autorisation*, *Fournisseurs*, *Surveillance de la haute police.*

Grains. Peines encourues par les commandans de divisions militaires, de départemens ou de places et villes, et par les préfets ou sous-préfets qui auraient fait, ouvertement ou par interposition de personnes, le commerce des grains, farines ou boissons, dans l'étendue des lieux soumis à leur autorité, 176. — Peine de l'emprisonnement contre ceux qui auraient coupé des grains ou des fourrages appartenant à autrui, 449. — Peine plus forte si le crime a été commis pendant la nuit, ou en haine d'un fonctionnaire public et à raison de ses fonctions, 450. Voyez *Passage.*

Grapillage. Voyez *Glanage.*

Gravures. Peines pour avoir exposé ou distribué des chansons, des pamphlets, des figures ou images contraires aux bonnes mœurs, 287 et suiv. et 477. Voyez *Contrefaçon*, *Crieurs.*

Greffes. Peines pour destruction de greffes, 347. Voyez *Arbres.*

Greffiers. Voyez *Scellés*, *Soustraction.*

Grossesse. Voyez *Femme.*

Guerre. Quelles peines encourent ceux qui par leurs manœuvres, engageraient des puissances étrangères à entreprendre la guerre contre la France, 76. — Peines contre ceux dont les actions hostiles, non approuvées par le Gouvernement, auraient exposé l'État à une déclaration de guerre, 84; — et dont les complots auraient eu pour objet d'exciter la guerre civile, 91.

Guet-apens. Peines encourues pour violences envers des magistrats, lorsqu'il y a eu guet-apens, 232. — En quoi consiste le guet-apens, 298. — Peines pour blessures ou coups avec préméditation ou guet-apens, 310. Voyez *Assassinat.*

H

Haies. Peines contre ceux qui auraient coupé ou arraché des haies vives ou sèches, 456.

Hausse. Voyez *Baisse.*

Haute police. Voyez *Surveillance de la haute police.*

Héritages. Voyez *Limites.*

Homicide. La loi le qualifie de meurtre lorsqu'il a été commis volontairement, 295. — Peine encourue pour homicide commis involontairement, par maladresse, imprudence, inattention, négligence ou inobservation des réglemens, 319. — Il n'y a ni crime ni délit, lorsque l'homicide, les blessures et les coups étaient ordonnés par la loi et commandés par l'autorité légitime, 327 et et 328. — Il en est de même si le fait a eu lieu en repoussant une escalade ou en se défendant contre des voleurs, 329. — Peine encourue pour destruction d'édifices, etc. lorsqu'il y a eu homicide, 437.

Hospices. Les réunions d'individus admis dans les hospices sont punies comme réunions de rebelles, 219. Voyez *Enfant.*

Hostilités. Voyez *Armes, Intelligences.*

Hôteliers. Ils sont civilement responsables des restitutions, indemnités et frais adjugés à ceux qui ont souffert d'un crime ou délit commis par un individu qu'ils auraient logé sans inscrire son nom, sa profession et son domicile, 73. — Peines qu'ils encourent, pour inscription sur leur registre avec connaissance de cause, de noms faux et supposés, 154; — pour vols de choses à eux confiées, 386; — pour défaut d'éclairage, 471; — pour négligence dans la tenue de leur registre et refus de le représenter, 475.

Huissiers. Ils font au peuple la lecture des arrêts de condamnation à mort pour parricide, 13. — Peines qu'ils encourent pour évasion de détenus confiés à leur garde, 237.

I

Identité. Le déporté qui rentre dans l'Empire est, sur la seule preuve d'identité, condamné aux travaux forcés à perpétuité, 17. — La peine de la déportation est, dans le même cas et sur la même preuve, prononcée contre le banni, 33. Voyez *Déportation.*

Images. Voyez *Gravures.*

Immondices. Peines encourues par ceux qui auraient imprudemment jeté des immondices sur quelques personnes ou contre des maisons, 471, 475 et 476.

Impression. Arrêts de condamnation qui sont imprimés par extrait, 36. Voyez *Contrefaçon.*

Imprimeurs. Voyez *Écrits*, *Gravures.*

Imprudence. Peines pour homicide commis par imprudence, 319; — et pour dommages causés par l'emploi d'armes sans précaution, 479.

Imputation. Voyez *Calomnie*, *Injures.*

Inattention. Voyez *Imprudence.*

Incapacité. Condamnations qui rendent incapable d'être appelé aux fonctions de juré, d'expert, de témoin, de tuteur et de curateur, 28. — Délits qui excluent de la capacité d'exercer aucune fonction publique, 171, 175 et 187.

Incendie. La peine de mort, avec confiscation de biens, est portée contre ceux qui auraient incendié des édifices, magasins, arsenaux, vaisseaux ou autres propriétés appartenant à l'État, 95. — Peines encourues pour avoir mis le feu à des navires, bateaux, chantiers, bois, récoltes en tas ou en meules, etc. 434; — pour simple menace d'incendie, 435; — pour incendie causé par vétusté, défaut de réparation ou nettoyage des fours, cheminées, maisons ou usines prochaines, ou par des feux allumés dans les champs à moins de cent mètres des maisons, édifices, forêts, bois, meules de grains, etc. ou par des feux ou lumières portés ou laissés sans précaution, et par des pièces d'artifice allumées ou tirées par négligence ou imprudence, 458. Voyez *Destruction*, *Secours.*

Indemnités. Cas dans lesquels il y a lieu à condamner le coupable d'un délit à des indemnités, et faculté laissée à la justice d'en régler la quotité, sans pouvoir en faire un emploi étranger, 51. — Indemnités dues pour contrefaçon d'ouvrages ou représentation de pièces au mépris des réglemens sur la propriété des auteurs, 429. Voyez *Digues*, *Hôteliers*, *Responsabilité*, *Restitution.*

Indigence. Voyez *Certificats d'indigence.*

Industrie. Ceux qui, dans la vue de nuire à l'industrie française, auraient fait passer en pays étranger des directeurs, commis ou ouvriers d'un établissement, sont condamnés à l'emprisonnement et à l'amende, 417. Voyez *Manufactures.*

Infanticide. Quel crime est ainsi qualifié, et sa punition, 300 et 302.

Infirmité. Voyez *Certificats d'infirmité.*

Infraction. Dans quel cas l'infraction des lois est considérée comme contravention, délit ou crime, 1. -

Inhumation. Les corps des suppliciés qui ont été réclamés par leurs familles, doivent être inhumés sans aucun appareil, 14. — Peines pour infraction aux lois sur les inhumations, 358.

Inimitié. Voyez *Forfaiture.*

Injonctions. Voyez *Plaidoyers.*

Injures. De quelle manière sont punis les auteurs d'injures ou expressions outrageantes, suivant le caractère de gravité des injures, 375, 376 et 471. Voyez *Calomnie, Plaidoyers.*

Inondation. Peine pour inondations causées par les propriétaires de moulins, étangs et usines, 457. Voyez *Secours.*

Insolvabilité. Les individus détenus pour amendes relatives à certaines contraventions doivent être relâchés après quinze jours lorsqu'ils sont insolvables, 467. Voyez *Amende, Frais.*

Instigateurs. Voyez *Réunion armée, Sédition.*

Instituteurs. Peines qu'ils encourent pour viol, 333. Voy. *Enfant.*

Instructions. Ceux qui ont donné des instructions pour commettre un crime ou un délit, en sont réputés complices, 60. Voyez *Espionnage, Clefs.*

Instrumens d'agriculture. Ceux qui laissent dans les champs des coutres de charrue, des pinces, des barres ou autres instrumens dont les malfaiteurs pourraient abuser, encourent la peine d'une amende, avec confiscation des instrumens, 471 et 472. Voyez *Champs.*

Instrumens de crime. Circonstances qui font réputer complices de crime ceux qui ont procuré des armes, des instrumens ou tout autre moyen propre à en faciliter l'exécution, 60. — Peine pour avoir fourni des instrumens de crime à des bandes armées, 96; — à des détenus, dans le dessein de faciliter leur évasion, 241. Voyez *Armes, Malfaiteurs, Vagabondage.*

Instrumens pour les jeux. Voyez *Jeux de hasard.*

Intelligences. Les individus qui auraient pratiqué des machinations ou entretenu des intelligences avec les ennemis de l'État, encourent la peine de mort, avec confiscation de biens, 76 *et suiv.* — Circonstances dans lesquelles la peine est réduite au bannissement, 78 *et suiv.* — Peine de la reclusion, avec amende et dommages-intérêts, pour délits commis par des fournisseurs, en cas d'intelligence avec l'ennemi, 430 *et suiv.*

Intercalation d'écriture. Voyez *Faux, Ecriture.*

Interdiction. On peut, en matière correctionnelle, prononcer l'interdiction à temps de certains droits civiques, civils ou de famille, 9. — La peine des travaux forcés à temps et celle de la reclusion mettent le condamné en état d'interdiction légale, 29. — Cas dans lesquels l'interdiction temporaire de l'exercice des droits civiques, civils et de famille, peut être prononcée, 42 et 43. — Pareille interdiction pour crimes contre les constitutions, 109. — Le déni de justice, de la part d'un magistrat ou d'un administrateur, la fait encourir également, 185. — Il en est de même du fonctionnaire ou de l'agent qui aurait supprimé ou ouvert des lettres confiées à la poste, 187. — Les pères, mères, tuteurs et autres personnes chargées de la surveillance de la jeunesse, qui en auraient favorisé la prostitution, sont interdits de toute tutelle, curatelle, et participation aux conseils de famille, 334 et 335. — Vols, larcins, filouteries et escroqueries qui emportent l'interdiction des droits civiques, civils et de famille, 401 et 405. — Pareille interdiction pour avoir abusé des besoins, des faiblesses et des passions d'un mineur, 406; — et pour établissement de maisons de jeux de hasard, 410.

Intérêt. Peine encourue par les fonctionnaires, officiers publics, ou agens du gouvernement qui auraient pris quelque intérêt dans des actes, des adjudications, des entreprises ou régies dont ils avaient l'administration entière ou partielle, 175 ; — et dans des affaires dont ils étaient chargés d'ordonnancer le paiement ou de faire la liquidation, 175.

Interposition des personnes. Peines contre les fonctionnaires publics ou agens du Gouvernement qui, par des actes simulés ou par interposition de personnes, auraient pris ou reçu quelque intérêt dans les actes, adjudications, entreprises ou régies dont ils avaient l'administration ou la surveillance, 175.

Interprètes de songes. Voyez *Devins.*

Introduction. Peines pour introduction de fausses monnaies, 132; — et d'ouvrages contrefaits, 427.

Invocations. Voyez *Associations.*

J

Jet de pierres. Voyez *Pierres.*

Jeunesse. Voyez *Mœurs, Prostitution.*

Jeux de hasard. Peines pour contravention aux réglemens sur les maisons de jeu, 410. — Amende et confiscation contre ceux qui auraient établi dans les rues, chemins, places et lieux publics, des jeux de loterie ou d'autres jeux de hasard, 477. Voyez *Confiscations particulières.*

Journaliers. Voyez *Ouvriers.*

Journaux. Voyez *Écrits.*

Jours. Les jours d'emprisonnement sont des jours complets de vingt-quatre heures, 40 et 465.

Jours de repos. Voyez *Fêtes religieuses.*

Jugement. Voyez *Mandat.*

Juges. Peines qu'ils encourent pour destruction, suppression ou soustraction d'actes et de titres à eux confiés, 173; — pour corruption, 177 et suiv. — Voyez *Accusation, Autorités administratives, Dégradation civique, Déni de justice, Forfaiture, Mandat, Préposés du Gouvernement, Revendication, Violation de Domicile.*

Jurés. Les tribunaux peuvent, en certains cas, interdire pour un temps l'exercice du droit de remplir les fonctions de juré, 42. et 43.

L

Larcin. Emprisonnement et amendes pour larcins et filouteries, 401.

Lèse-majesté. Ce crime est puni comme parricide, et emporte de plus la confiscation des biens, 86. — Peine pour non-révélation de complots lorsqu'il s'agit du crime de lèse-majesté, 104.

Lésion. Voyez *Certificats.*

Lettres. Peines pour suppression ou ouverture de lettres, commise par des agens du Gouvernement ou de l'administration des postes, 187.

Lettres de change. Peines pour en avoir brûlé ou détruit volontairement, 439.

Liberté. Peine pour tout acte attentatoire à la liberté individuelle de la part d'un fonctionnaire public ou d'un agent du Gouvernement, 114. Voyez *Adjudication*, *Constitutions*, *Insolvabilité*, *Restitution*.

Liberté provisoire. Voyez *Insolvabilité*.

Licenciement. Voyez *Commandement militaire*.

Limites. Emprisonnement et amende pour déplacement de bornes ou arbres servant de limites à des héritages, 456.

Liqueur corrosive. Voyez *Fabrique*.

Liquidation. Voyez *Intérêt*.

Location. Voyez *Adjudication*.

Logement de malfaiteurs. Voyez *Retraite*.

Logeurs. Voyez *Hôteliers*.

Loi. Peines encourues par les juges, les procureurs généraux ou impériaux, leurs substituts, et par les officiers de police, pour avoir arrêté ou suspendu l'exécution des lois, 127; — | ministres des cultes, pour avoir critiqué et censuré, dans un cours pastoral et public, une loi ou un décret impérial, 201. — Maintenue en vigueur des lois et des réglemens particuliers sur les matières étrangères au Code, 484. Voyez *Bannissement*, *Déportation*, *Force publique*.

Loterie. Peines pour avoir établi ou tenu des loteries non autorisées par la loi, 410. Voyez *Jeux de hasard*, *Confiscations particulières*.

Lumières. Voyez *Incendie*.

M

Machinations. Voyez *Dons*, *Intelligences*.

Machines. Voyez *Armes*.

Magasins. Voyez *Bandes armées*, *Boutiques*, *Incendie*, *Mine*, *Places de guerre*.

Maires. Injonction aux détenteurs ou gardiens d'animaux ou de bestiaux soupçonnés d'être infectés de maladie contagieuse, d'en avertir le maire de la commune, 459. — Injonction aux aubergistes, hôteliers, logeurs ou loueurs de maisons garnies, de représenter leurs registres aux maires, adjoints, officiers ou commissaires de police, 475. Voyez *Arrêtés généraux*, *Municipalité*, *Règlement d'administration publique*.

Maison. Quels bâtimens sont réputés maisons habitées, 380. — Peines pour accidens occasionnés par le défaut de réparation ou d'entretien des maisons tombant en ruine, 479. Voyez *Destruction*, *Incendie*, *Mine*.

Maisons d'arrêt. Voyez *Concierges*, *Prisonniers*.

Maisons de correction. Ce sont celles dans lesquelles on renferme les individus condamnés à la peine d'emprisonnement, 40. — On y détient aussi les individus ayant moins de seize ans, qui ont commis, avec discernement, des crimes ou délits emportant des peines afflictives ou infamantes, 67.

Maisons de dépôt. Voyez *Concierges.*

Maisons de force. Voyez *Réclusion, Travaux forcés.*

Maisons de jeu. Peine pour avoir établi et tenu une maison publique de jeux de hasard, 410.

Maisons de justice. Voyez *Concierges, Prisonniers.*

Maisons de peine. Voyez *Concierges, Prisonniers.*

Maisons de prêt. Il n'en peut être établi sans une autorisation légale, 411.

Maisons garnies. Voyez *Hôteliers.*

Maladie. Voyez *Certificats de maladie, Violences.*

Maladie contagieuse. Voyez *Épizootie.*

Maladresse. Peines pour accidens causés par emploi d'armes avec maladresse, 479. Voyez *Blessures, Homicide.*

Malfaiteurs. Les associations de malfaiteurs envers les personnes et les propriétés, sont un crime contre la paix publique, 265. — Peines contre les directeurs et commandans de ces bandes, et contre ceux qui leur auraient fourni des armes, munitions, instrumens, logemens, retraites ou lieux de réunion, 267 et 268. Voyez *Retraite.*

Mandat. Quelles peines encourraient les gardiens et concierges, qui auraient reçu un prisonnier sans mandat, jugement ou ordre provisoire du Gouvernement, 120; — ceux qui auraient, sans les autorisations nécessaires et hors le cas de flagrant délit ou de clameur publique, provoqué, donné ou signé un jugement, une ordonnance ou un mandat contre des ministres ou des membres des trois premières autorités de l'État, 121; et les officiers du ministère public ou les juges qui, malgré une réclamation légale et sans l'autorisation du Gouvernement, auraient requis et décerné des ordonnances ou des mandats contre ses agens ou préposés, 129. Voyez *Force publique.*

Manœuvres. Voyez *Intelligences.*

Manufactures. Peines encourues pour violation des réglemens d'administration publique relatifs aux manufactures, au commerce et aux arts, 413 et suiv.

Marchandises. Comment sont punis les individus qui, par des faits faux ou calomnieux semés dans le public, et par réunion ou coalition entre les principaux détenteurs d'une même marchandise ou denrée, opèrent la hausse ou la baisse du prix, 419 ; — et ceux qui trompent l'acheteur sur la nature des marchandises, 423. Voyez *Bandes armées*, *Fabrique*, *Marques particulières*.

Mariage. Peines qu'encourt l'officier de l'état civil qui a reçu, avant le terme prescrit, l'acte de mariage d'une femme déjà mariée, ou qui, connaissant l'existence du premier mariage, aurait prêté son ministère au second, 194 et 340. — Peines contre celui qui aurait contracté le second mariage avant la dissolution du premier, 340. Voyez *Ministres des cultes*, *Violation de domicile*.

Marque. Elle peut être prononcée concurremment avec une peine afflictive, 7. — Crimes dont la récidive entraine la condamnation à la marque, 56. — La marque est infligée aux faussaires condamnés aux travaux forcés à temps ou à la reclusion, 165. — Les vagabonds ou mendians qui ont commis un crime emportant la peine des travaux à temps, sont aussi marqués, 280. Voyez *Flétrissure*.

Marques du Gouvernement. La contrefaçon des marques destinées à être apposées au nom du Gouvernement sur les denrées ou marchandises, est punie de la reclusion, 142. Voyez *Marteaux de l'État*.

Marques particulières. Peines pour contrefaçon du sceau, du timbre ou de la marque d'une autorité quelconque ou d'un établissement particulier de banque ou de commerce, 142 et 143.

Marteaux de l'État. Peines pour contrefaçon ou falsification des marteaux de l'État servant aux marques forestières, 140 et 141.

Massacre. Voyez *Dévastation*.

Matériaux. Peine contre ceux qui auraient embarrassé la voie publique en y laissant des matériaux, et qui auraient négligé de les éclairer, 471.

Matières d'or ou d'argent. Peines encourues pour avoir trompé l'acheteur sur le titre de ces matières, 423.

Matrices. Voyez *Planches*.

Médecins. Voyez *Certificats de maladie*.

Médicomens. Voyez *Avortement*.

Mélanges. Peines pour mélange de substances étrangères dans des liquides ou marchandises confiés à des voituriers ou bateliers, 137. Voyez *Boissons falsifiées*.

Menaces. Peines pour menace par écrit d'attentat contre les personnes, 305 et 306 ; — pour menaces verbales, 307 ; — pour menace de mort envers des personnes arrêtées, détenues ou séquestrées illégalement, 344 ; — et pour menace d'incendie, 436.

Voyez *Adjudication*, *Cultes*, *Droits civiques*, *Outrages*, *Violences*.

Mendicité. Peines pour divers délits relatifs à la mendicité et au vagabondage, 274 *et suiv*.

Mœurs. Voyez *Déclaration*, *Mœurs*, *Pères*, *Révélation*.

Mesures. Voyez *Poids*.

Meules de grains. Voyez *Champs*, *Incendie*.

Meurtre. L'homicide commis volontairement est qualifié meurtre, 295. — Cas dans lesquels le meurtre est puni de mort ou des travaux forcés à perpétuité, 304. — Circonstances qui rendent le meurtre excusable, 321 *et suiv*. — Quand l'exposition ou le délaissement d'un enfant a causé sa mort, les coupables subissent la peine appliquée au meurtre, 351.

Mine. Ceux qui auraient détruit des arsenaux ou autres propriétés appartenant à l'État, par l'explosion d'une mine, sont punis de mort, et leurs biens sont confisqués, 95. — Il y a aussi peine de mort contre ceux qui, par les mêmes moyens, auraient détruit des édifices, navires ou bateaux, 435.

Mineurs. Peines pour leur enlèvement, 354 *et suiv*.

Ministère public. Peines encourues par les officiers du ministère public, qui auraient fait des réquisitions ou donné des conclusions pour le jugement d'une affaire revendiquée formellement par l'autorité administrative, 128, — ou qui, malgré une réclamation légale et sans l'autorisation du Gouvernement, auraient requis les ordonnances ou mandats contre ses agens ou préposés, 129. Voyez *Accusation*, *Autorités administratives*, *Conflit*, *Dégradation civique*, *Lois*, *Pouvoir législatif*, *Préposés du Gouvernement*.

Ministres. Peines contre ceux qui auraient fait des actes arbitraires, et qui, malgré des invitations légales, refuseraient ou négligeraient de les faire réparer, 115. — Les ministres qui prétendent que la signature à eux imputée leur a été surprise, doivent en dénoncer l'auteur, 116. — Peine encourue par les auteurs de la fausse signature, et par ceux qui en auraient fait usage, 118. Voyez *Forfaiture*, *Mandat*.

Ministres des cultes. Peines pour avoir procédé aux cérémonies religieuses d'un mariage sans avoir exigé la justification d'un acte de mariage préalablement reçu par les officiers de l'état civil, 199 et 200 ; — pour avoir prononcé, en assemblée publique, un discours contenant la critique ou la censure du Gouvernement, d'une loi, d'un décret impérial, ou de tout autre acte de l'autorité publique, 201 *et suiv*. — pour avoir tenu une correspondance secrète avec des cours ou puissances étrangères sur des

matières de religion, 207 et 208; — pour viol, 333. Voyez
Cultes.

Minorité. Voyez *Abus de confiance*, *Age*, *Mineurs.*

Mineurs. Voyez *Destruction.*

Mixtions. Voyez *Boissons falsifiées.*

Mœurs. Peines pour attentats aux mœurs, 330 et suiv. Voyez
Gravures.

Monnaie. Peines pour délits relatifs à la fausse monnaie, 132 à
138. — Amende contre ceux qui auraient refusé de recevoir les
espèces ou monnaies nationales suivant le cours, 475. Voyez
Contrefaçon.

Monumens. Peines infligées pour dégradation de monumens, 257.

Mort. Cette peine est afflictive et infamante, 7. — Le condamné
est décapité, 12. — L'individu déjà condamné pour crime, qui
en commet un second entraînant la peine des travaux forcés à
perpétuité, est puni de mort, 56. — Lorsqu'un individu âgé de
moins de seize ans, a, par un crime commis avec discernement,
encouru la peine de mort, il est déporté ou condamné aux
travaux forcés à perpétuité, 67. — La peine de mort est encourue pour avoir porté les armes contre la France, 75; — pour
avoir recélé ou fait recéler les espions ou soldats ennemis envoyés
à la découverte, 83; — pour attentats ou complots dirigés contre
l'Empereur et sa famille, 86 et suiv. — ou dont le but serait
de troubler l'État par la guerre civile, le pillage, etc. 91 et 125.
— Elle a lieu pour crime de fausse monnaie, 132; — pour contrefaçon du sceau de l'État, des billets de banque et effets publics, 139; — pour violences commises envers les dépositaires de
l'autorité publique, 231 et 233; — pour assassinat, parricide, infanticide et empoisonnement, 302; — pour crime de castration envers
une personne qui a péri avant l'expiration de quarante jours,
316; — pour arrestations illégales exécutées avec un faux costume, sous un faux nom, sur un faux ordre, et avec tortures
ou menace de mort, 344; — pour subornation de témoins dont
la déposition entraînerait la peine des travaux forcés à perpétuité,
365; — pour vols commis avec une réunion de cinq circonstances aggravantes, 381; — pour destruction, par le feu ou par
l'effet d'une mine, d'édifices, magasins, navires, bois, etc. 434
et 435; — pour destruction d'édifices, ponts, etc. qui a occasionné homicide ou blessures, 437. Voyez *Arrêts.*

Mort civile. Voyez *Condamnation.*

Moteurs. Peines de ceux qui auraient été les moteurs de voies de
fait ayant pour but de s'opposer à des travaux autorisés par le
Gouvernement, 438.

Moules. Voyez *Planches.*

Moulins. Peines encourues par les propriétaires ou fermiers de moulins ou usines, qui, par une trop grande élévation du déversoir de leurs eaux, auraient inondé ou endommagé les chemins ou les propriétés d'autrui, 457. Voyez *Fours, Incendie.*

Moutons. Voyez *Emprisonnement.*

Municipalité. Celui qui consent à se charger d'un enfant-trouvé doit en faire la déclaration devant la municipalité, 347. Voyez *Maires.*

Munitions. Ceux qui ont fourni ou procuré des armes ou munitions aux soldats par eux enrôlés, sans autorisation du pouvoir légitime, ou à des bandes armées illégalement, sont punis de mort, avec confiscation de biens, 92 et 96. Voyez *Malfaiteurs, Secours.*

Murs. Voyez *Escalade.*

Musique. Voyez *Contrefaçon.*

Mutilation de monumens. Voyez *Monumens.*

N

Naissance. Voyez *Accouchement.*

Nantissement. Voyez *Maisons de prêt.*

Naufrage. Voyez *Secours.*

Navires. Voyez *Incendie, Mine.*

Négligence. Peines auxquelles l'évasion des détenus donne lieu contre ceux à la négligence de qui elle peut être imputée, 237 et suiv. — Les conducteurs ou gardiens détenus sont remis en liberté lorsque les évadés sont repris dans un délai de quatre mois, 247. Voyez *Blessures, Homicide, Nettoyage, Scellés.*

Négociation. Voyez *Agens du gouvernement.*

Nettoyage. Peine encourue pour défaut de nettoyage de fours, cheminées, etc. 450 et 471.

Noces. Voyez *Mariage.*

Nom. Peine de celui qui, dans un passe-port, aurait pris un nom supposé, 154. — Nécessité de faire attester, par deux citoyens connus, les noms et qualité de celui qui demande un passe-port, 155. — Peine de l'officier public qui, instruit de la supposition de nom, aurait néanmoins délivré le passe-port, *ibid.* — de celui qui aurait exécuté une arrestation sous un faux nom, 344.

Notaires. Peine d'emprisonnement et d'amende contre ceux qui, par leur négligence, auraient laissé soustraire, détruire ou enlever des actes dont ils étaient dépositaires, 254.

Nuit. Peines pour vols commis la nuit, 381, 385 et 386.

Nullités. Les peines encourues par les officiers de l'état civil pour contraventions, leur sont appliquées dans le cas même où la nullité de leurs actes n'aurait pas été demandée, et dans celui où elle serait couverte, 195.

O

Obligation. Voyez *Conventions*, *Extension*.

Obscénité. Voyez *Crieurs*, *Gravures*, *Mœurs*.

Officiers de justice. Voyez *Violation de domicile*.

Officiers de l'état civil. Peines qu'ils encourent pour délits relatifs à leurs fonctions, sans préjudice des peines plus fortes prononcées en cas de collusion, 192 et suiv. Voyez *Inhumation*, *Mariage*.

Officiers de police. Injonction aux gardiens et concierges des maisons de dépôt, d'arrêt, de justice ou de peine, de leur exhiber leurs registres, 120. — Circonstances dans lesquelles ces officiers sont coupables de forfaiture, 121 et 122. — Défenses de s'introduire dans le domicile d'un citoyen hors les cas prévus par la loi, 184. Voyez *Dégradation civique*, *Gardes champêtres*, *Rebellion*, *Registres*, *Violation de domicile*.

Officiers de santé. Voyez *Avortement*, *Certificats de maladie*, *Secret*.

Officiers du ministère public. Voyez *Ministère public*.

Officiers ministériels. Peines encourues par ceux qui se permettraient des outrages et des violences envers un officier ministériel ou agent de la force publique, 224 et 230. Voyez *Rebellion*, *Violences*.

Officiers publics. Voyez *Administrateurs*, *Concussion*, *Fonctionnaires publics*, *Soustraction*, *Violences*.

Offres. Voyez *Corruption*.

Or. Voyez *Matières d'or et d'argent*.

Ordonnances. Peines contre les juges qui, sans autorisation du Gouvernement, et malgré la réclamation légale de l'autorité administrative, auraient rendu des ordonnances contre les agens ou préposés, prévenus de délits commis dans l'exercice de leurs fonctions, 129. Voyez *Force publique*, *Règlement de police*.

Ordre. Peine encourue pour une arrestation illégale, faite sur un faux ordre de l'autorité publique, 344; — pour vol commis en alléguant un faux ordre de l'autorité civile ou militaire, 381 et 384. Voyez *Arrêtés généraux, Force publique, Réglemens d'administration publique.*

Outrages. Peines encourues pour outrages par paroles, gestes ou menaces, envers des magistrats, des officiers ministériels ou des agens de la force publique, 222 *et suiv.*

Ouverture souterraine. L'entrée par cette sorte d'ouverture est une circonstance aggravante du vol, 397.

Ouvrages. Voyez *Contrefaçon, Écrits, Théâtres.*

Ouvriers. Les réunions des ouvriers ou journaliers dans les ateliers publics et manufactures, sont punies comme réunions de rebelles, 219. — Peine pour vol commis par un ouvrier, compagnon ou apprenti, dans la maison, l'atelier ou le magasin de son maître, 386. Voyez *Coalition, Fabrique.*

P

Paix publique. Crimes et délits contre la paix publique, 132 *et suiv.*

Pamphlets. Voyez *Gravures.*

Papiers. Voyez *Scellés.*

Papiers publics. Voyez *Écrits, Effets publics.*

Parc. Quelle clôture constitue un terrain réputé parc, 391. — Parc de bestiaux, 392. Voyez *Champs.*

Pari. Voyez *Effets publics.*

Paroles. Voyez *Outrages.*

Parricide. Le coupable est conduit à l'échafaud en chemise, nu-pieds, la tête couverte d'un voile noir, et il a le poing droit coupé avant l'exécution à mort, 13 et 302. — Le meurtre des père, mère et autres ascendans légitimes est un parricide, 299. — Il n'y a pas d'excuse pour ce crime, 323.

Passage. Peines contre ceux qui, sans en avoir le droit, auraient passé sur un terrain chargé de grains en tuyau ou de fruits voisins de leur maturité, 475. Voyez *Rues.*

Passe-partout. Voyez *Clefs.*

Passe-port. Peines pour avoir fabriqué un faux passe-port, en avoir falsifié un véritable ou avoir fait usage du passe-port faux ou falsifié, 163; — pour avoir pris dans un passe-port un nom supposé, 154 : — ou pour en avoir délivré à une personne sans avoir fait attester ses noms et qualités par un citoyen connu, 155. — Les peines établies contre les porteurs de faux passe-ports sont portées au *maximum* à l'égard des vagabonds et des mendians, 261. Voyez *Route*.

Passions. Quelles peines encourent ceux qui abusent des passions d'un mineur, lui font souscrire des obligations, quittances, etc. pour prêt d'argent ou d'effets, 406.

Peines. On ne peut infliger aux auteurs de contraventions, délits ou crimes, d'autres peines que celles qui étaient prononcées anté-rieurement par la loi, 4. — Peines considérées en général, et leurs effets, 6 *et suiv.* — Peines en matière criminelle, 12 *et suiv.* — en matière correctionnelle, 40 *et suiv.* — Peines et au-tres condamnations qui peuvent être prononcées pour crimes ou délits, 44 *et suiv.* — Peines de la récidive, 56 *et suiv.* — Les complices d'un crime ou délit sont, en général, punis des mêmes peines que les auteurs, 59. — Seuls cas dans lesquels les peines puissent être mitigées, 65. — Diminution des peines à l'égard des individus âgés de moins de seize ans, 67. — Les fonction-naires ou officiers publics qui auraient participé à des crimes qu'ils étaient chargés de réprimer, sont punis du *maximum* des peines attachées à ces crimes, 198. — En quoi consistent les peines de police, 464.

Peintures. Voyez *Contrefaçon*, *Gravures*.

Percepteurs. Peine contre ceux qui auraient détourné ou sous-trait des deniers publics ou privés, 169. Voyez *Concussion*, *Rebellion*.

Pères. Peine contre les enfans qui ont blessé leurs père ou mère, légitimes, naturels ou adoptifs, 312. Voyez *Déclaration*, *Mœurs*, *Parricide*, *Révélation*.

Pharmaciens. Voyez *Avortement*, *Secret*.

Pieds. Le coupable condamné à mort pour parricide est conduit nu-pieds au lieu de l'exécution, 13.

Pieds corniers. Voyez *Limites*.

Pierreries. Peines pour avoir vendu, comme fine, une pierre fausse, 423.

Pierres. Quelles peines encourent ceux qui jettent des pierres ou d'autres corps durs contre les murs ou dans les jardins d'autrui, et qui occasionneraient, par cette imprudence, la mort ou la blessure d'animaux, 475, 476 et 479. Voyez *Carrières*, *Champs*.

Pillage. Peines contre ceux qui font partie de bandes armées pour piller les propriétés, 96, 440 *et suiv.* — et contre les personnes qui refuseraient de prêter les secours dont elles auraient été requises en cas de pillage, 475. Voyez *Bandes armées*, *Dévastation*, *Réunion armée*, *Vols*.

Pilon. Les écrits ou gravures contraires aux mœurs sont mis sous le pilon, 477.

Pinces. Voyez *Instrumens d'agriculture*.

Placards. Voyez *Discours*.

Place publique. Les individus condamnés au carcan, subissent cette peine sur la place publique, 22 — Les places où les exécutions doivent se faire sont désignées dans les arrêts de condamnation, 26.

Places de guerre. A quelles peines sont condamnés les individus qui ont pratiqué des intelligences et manœuvres tendant à livrer aux ennemis, des villes, forteresses, places, postes, ports, magasins, arsenaux, vaisseaux ou bâtimens de l'État, 77. Voyez *Armes*, *Bandes armées*, *Commandement militaire*.

Plaidoyers. Lorsque, dans les écrits relatifs à la défense des parties, ou dans les plaidoyers, on s'est permis des imputations ou des injures, les juges peuvent en ordonner la suppression ou faire des injonctions, ou suspendre les auteurs de leurs fonctions, 377.

Planches. Dans le cas d'éditions contrefaites, les planches, moules ou matrices des objets contrefaits sont confisqués, 427. Voyez *Contrefaçon*.

Plans. Peine contre ceux qui auraient livré aux ennemis des plans de fortifications, arsenaux, etc, 81 et 82.

Plants. Voyez *Récoltes*.

Poids. Quelles peines sont infligées pour usage de faux poids ou de fausses mesures, par lesquels on aurait trompé sur la quantité des choses vendues, 423. — Cas où l'acheteur peut être privé de toute action contre le vendeur, 424. — Action publique pour punition de la fraude, *ibid*. — Amende et emprisonnement pour emploi dans les magasins, boutiques, halles, foires ou marchés, de faux poids ou de fausses mesures, ou de poids et de mesures différens de ceux qui sont établis par les lois en vigueur, 479 et 480. — Confiscation de ces faux poids et mesures, 481.

Poinçons. Peines encourues pour avoir contrefait ou falsifié des poinçons servant à marquer les matières d'or et d'argent, o contre ceux qui auraient fait usage de poinçons falsifiés, 140 et 141.

Poing. Avant l'exécution, on coupe le poing droit aux coupables condamnés à mort pour parricide, 13.

Poissons. Voyez *Champs, Empoisonnement.*

Police. Voyez *Surveillance de la haute police.*

Ponts. Voyez *Digues.*

Porcs. Voyez *Empoisonnement.*

Ports. Voyez *Bandes armées, Commandement militaire, Places de guerre, Plans.*

Port d'armes. Déchéance du droit de port d'armes et de celui de servir dans les armées, contre les individus condamnés aux travaux forcés à temps, à la reclusion ou au carcan, 28 — L'exercice du droit de port d'armes peut être interdit par les tribunaux jugeant correctionnellement, 42 et 43.

Porteurs de contraintes. Toute attaque contre eux ou toute résistance avec violence, constitue le crime de rebellion, 209.

Poste aux lettres. Voyez *Lettres.*

Postes de guerre. Voyez *Bandes armées, Commandement militaire, Places de guerre.*

Pouvoir. Peines encourues par les fonctionnaires de l'ordre judiciaire et de l'ordre administratif pour avoir excédé leurs pouvoirs, 127, 130 et 131. Voyez *Abus de pouvoir.*

Pouvoir législatif. Quelles peines encourent les juges, les procureurs généraux ou impériaux, leurs substituts et les officiers de police judiciaire, qui se seraient immiscés dans l'exercice du pouvoir législatif, 127; — et les préfets, sous-préfets, maires et autres administrateurs pour semblable délit, 130.

Précaution. Peines pour dommages causés par l'emploi d'armes sans précaution, 479.

Préfets. Voyez *Arrêtés généraux, Pouvoir, Pouvoir législatif, Réglemens d'administration publique.*

Préméditation. Peine encourue pour raison de violences exercées envers des magistrats, des officiers ministériels, des agens de la force publique, ou des citoyens chargés d'un ministère pub, 228 et suiv. — Ce qu'on entend par préméditation, 297. Voyez *Assassinat, Guet-apens.*

Préposés de la police. Voyez *Violences.*

Préposés des douanes. Voyez *Rebellion.*

Préposés du Gouvernement. Les juges ou officiers du ministère public ou de police qui rendraient ou requerraient, sans autorisation du Gouvernement, des ordonnances ou des mandats contre ses agens ou préposés, prévenus de crimes ou délits commis dans l'exercice de leurs fonctions, encourraient la peine d'une forte amende, 229. Voyez *Force publique*, *Soustraction*, *Violences*.

Présens. Quelle peine encourent les fonctionnaires publies qui auraient reçu des présens pour faire un acte de leur fonction non sujet à salaire, 177.

Prières. Peine contre ceux qui, par des prières, auraient provoqué à des crimes ou délits, 293.

Prison. Peine pour avoir favorisé, en fournissant des instrumens ou des armes, une évasion avec violence ou bris de prison, 241 et 243. — Peines contre les détenus ainsi évadés, 245.

Prisonniers. Quelles peines encourraient les gardiens et concierges des maisons de dépôt, d'arrêt, de justice ou de peine, qui auraient reçu un prisonnier sans mandat ou jugement ou sans ordre provisoire du Gouvernement, et ceux qui l'auraient retenu ou qui auraient refusé de le représenter à l'officier de police, ou de lui exhiber leurs registres, 120. — La loi punit comme réunions de rebelles celles des prisonniers prévenus, accusés ou condamnés, 219.

Procédures criminelles. Peines contre les greffiers, archivistes ou dépositaires qui, par leur négligence, en auraient laissé soustraire ou enlever, 254.

Procureurs généraux et impériaux. Voyez *Accusation*, *Autorités administratives*, *Conflit*, *Dégradation civique*, *Forfaiture*, *Lois*, *Mandat*, *Pouvoir législatif*, *Préposés du Gouvernement*, *Revendication*, *Violation de domicile*.

Promesses. Voyez *Corruption*, *Dons*, *Présens*, *Récompenses.*

Pronostiqueurs. Voyez *Devins.*

Proposition. Crimes dont la simple proposition est punie de la réclusion ou du bannissement, 90.

Propriétés. Crimes et délits contre les propriétés, 379 et suiv. Voyez *Adjudication.*

Propriétés publiques. Voyez *Bandes armées.*

Proscription. Voyez *Coalition.*

Prostitution. Peines contre ceux qui auraient excité ou facilité la prostitution de la jeunesse, 334. Voyez *Mœurs.*

Provision. L'individu condamné aux travaux forcés à temps ou à la réclusion, ne peut, pendant la durée de la peine, recevoir aucune somme, provision ou portion de ses revenus, 31.

Provocation. Peines auxquelles donne lieu la publication d'écrits contenant provocation à des crimes ou délits, 285. Voyez *Autorité publique*, *Blessures*, *Écrits*, *Meurtre*, *Réunion armée.*

Publication d'ouvrages. Voyez *Écrits.*

Pudeur. Voyez *Mœurs.*

Q

Qualités. Les aubergistes doivent inscrire sur leurs registres le nom, la qualité, etc. des personnes qu'ils logent, 475.

R

Rades. Voyez *Plans.*

Rapidité. Peines contre les rouliers, charretiers, voituriers et conducteurs qui auraient contrevenu à la loi par la rapidité, la mauvaise direction ou le chargement des voitures et des animaux, 475, 476 et 479.

Rapt. Voyez *Mineurs.*

Râtelage. Voyez *Glanage.*

Rebellion. Attaque ou résistance envers les officiers ministériels, qui est qualifiée de crime ou délit de la rebellion, 209. — Différentes peines auxquelles donnent lieu les diverses sortes de rebellions, 210 et suiv. — Peines encourues par les provocateurs de rebellion, 217. — Réunions considérées comme réunions de rebelles, 219. — Époques auxquelles les peines pour rebellion sont subies par les prisonniers qui les ont encourues, 220. — Les chefs peuvent être condamnés à rester sous la surveillance spéciale de la haute police, 221.

Recèlement. Les personnes qui ont recélé des choses enlevées, sont punies comme complices de ce crime ou délit, 62 et 63. — Peines pour avoir recélé des espions ou des soldats ennemis envoyés à la découverte, 83; — pour avoir recélé des individus coupables de délits emportant peine afflictive, 248; — et pour recèlement du cadavre d'une personne homicidée, 359.

Recettes. Voyez *Confiscations particulières.*

Récidive. Peines encourues pour crimes et délits commis par récidive, 56 et suiv. — Contraventions de police dont la récidive entraîne toujours l'emprisonnement, 471, 474, 475 et 478.

Réclamation. Peines encourues par les membres des autorités judiciaires ou administratives qui auraient persisté à connaître d'une affaire malgré les réclamations légales des parties intéressées, 129 et 131. Voyez *Vagabondage.*

Reclusion. Elle est au nombre des peines afflictives et infamantes, 7. — Dans quelle maison les condamnés subissent cette peine, et sa durée, 21 et 23. — Incapacité résultant de la condamnation à la reclusion, 28. — Les condamnés restent, pendant toute leur vie, sous la surveillance de la haute police, 47. — La reclusion considérée sous le rapport de la récidive, 56; — relativement au condamné âgé de moins de seize ans, 57; — et à l'égard des septuagénaires, 70, 71 et 72. — Crimes dont la simple proposition est punie de la reclusion, 90. — Cette peine est encourue pour non-révélation d'un crime de lèse-majesté, dont le projet était connu, 103 et 104. — La même peine est infligée pour avoir fait un usage préjudiciable aux intérêts de l'État, de timbres nationaux, de marteaux forestiers ou de poinçons destinés à la marque des matières d'or ou d'argent, 141; — pour avoir commis un faux en écriture privée ou s'être servi de la pièce fausse, 150 et 151; — pour le crime de concussion, 174. — La même peine a lieu contre le juge prononçant en matière criminelle ou le juré qui se serait laissé corrompre, 181; — contre le fonctionnaire public, l'agent ou le préposé du Gouvernement, qui, par une réquisition ou un ordre, aurait abusé de son autorité au détriment de la chose publique, 188. — Crimes ou délits de rebellion qui sont punis de la réclusion, 210. — Même peine pour faux témoignage, 362 et 363; — pour différentes sortes de vols, 386 *et suiv.* — pour contrefaçon ou altération de clefs par un serrurier, 399; — pour communication des secrets d'une fabrique à des étrangers, 418; — pour manquement du service des armées par la faute des personnes chargées de la fourniture, 430; — pour destruction d'édifices, de ponts, etc. 437; — pour destruction d'actes de l'autorité publique, ou d'effets de commerce ou de banque, 439; — pour avoir pris part à un pillage ou dégât de denrées ou marchandises, 441.

Récoltes. Quelles peines encourent ceux qui dévasteraient des récoltes sur pied, ou des plants venus naturellement ou faits de main d'homme, 444. Voyez *Champs, Incendie, Terrain.*

Récompenses. Le faux témoin qui aurait reçu des récompenses ou des promesses, est condamné aux travaux forcés à temps, avec confiscation des objets reçus, 364.

Régie. Voyez *Intérêt.*

Registres. Injonction aux aubergistes et hôteliers d'inscrire sur leurs registres les personnes logées chez eux, à peine de restitution, etc. dans le cas où ces individus commettraient des crimes ou délits, 73. — Amende pour défaut de représentation de ces registres aux commissaires de police, etc. 475. Voyez *Officiers de police.*

Réglemens d'administration publique. C'est par un réglement de cette nature que doit être déterminé l'emploi du produit des travaux des détenus pour délits correctionnels, 41. — Défenses faites aux magistrats, et autres fonctionnaires de l'ordre judiciaire et de l'ordre administratif, d'excéder respectivement leurs pouvoirs en faisant des réglemens, 127 et 130.

Réglemens de police. Peine contre ceux qui, par inobservation des arrêts et réglemens de police, auraient causé un homicide, 319. — Amendes encourues pour contraventions à ces mêmes réglemens, 471, 475 et 479. Voyez *Lois.*

Réglemens sur les manufactures et le commerce. Peines pour violation de ces réglemens, 413 et suiv.

Renvoi en surveillance. Voyez *Surveillance de la haute police.*

Réparations. Peines pour accidens causés par le défaut de réparations des maisons ou édifices, 479.

Réparations civiles. Outrages et violences envers les dépositaires de l'autorité et de la force publique qui donnent lieu à une réparation, 222 et suiv. — Réparations civiles pour refus d'un service dû légalement, 234. — Sortes de soustractions pour lesquelles ceux qui les ont commises ne sont tenus qu'à des réparations civiles, 380. Voyez *Dommages-intérêts, Restitution, Soustraction.*

Repos. Voyez *Fêtes religieuses.*

Représailles. Ceux qui, par des actes que le Gouvernement n'a pas approuvés, auraient exposé des Français à éprouver des représailles, sont punis du bannissement, 85.

Réquisition. Voyez *Détention arbitraire, Force publique, Ministère public.*

Réservoirs. Voyez *Champs, Empoisonnement.*

Résistance. Voyez *Rebellion.*

Responsabilité. Les aubergistes et les hôteliers sont civilement responsables des restitutions, des indemnités et des frais adjugés pour raison de crimes commis par des individus logés chez eux sans y avoir été inscrits, 73. — Injonction aux cours et tribunaux de se conformer, pour les autres cas de responsabilité civile qui se présenteraient dans les affaires criminelles, correctionnelles et de police, aux dispositions du Code Napoléon, 74.

Restitution. Lorsqu'il y a lieu à restitution, le coupable est en outre condamné à des indemnités envers la partie lésée, 51. — L'exécution des condamnations aux restitutions peut être poursuivie par la voie de la contrainte par corps, 52. — Lorsque les biens du condamné sont insuffisans pour faire face aux diverses condamnations, les restitutions sont préférées, 54. — Responsabilité des aubergistes pour les restitutions dans le cas de délits commis par des individus logés chez eux sans avoir été inscrits sur leur registre, 73. — Restitutions auxquelles donnent lieu les soustractions commises par les fonctionnaires publics, 169 et suiv. — les actes souscrits par abus de confiance, 406; les fraudes sur le titre des matières d'or ou d'argent, sur la nature des marchandises et l'usage des faux poids, 423; — la destruction d'édifices, ponts, digues, etc. 437; — celle de registres, titres, billets, etc. 439. — Restitutions encourues pour divers délits, 444 à 455 et 457. — Principe sur la préférence à accorder aux restitutions et indemnités dues à la partie lésée, dans le cas d'insuffisance de biens, 468. — Il y a contrainte par corps pour les restitutions, indemnités et frais, 469. — Délai après lequel peut cesser l'emprisonnement des individus insolvables, lorsque ces condamnations ont été prononcées au profit de l'État, ibid. Voyez Condamnation, Indemnités, Responsabilité, Solidarité.

Réticence. Cas où la personne prévenue de réticence à l'occasion de complots par elle commis, peut n'encourir d'autre peine que la mise en surveillance, 107.

Retraite. Peine contre ceux qui auraient sciemment fourni des logemens ou lieux de retraite à des malfaiteurs, 99.

Réunion armée. Cas dans lesquels une réunion d'individus est qualifiée de réunion armée et séditieuse, 214. — Peines encourues par les personnes munies d'armes cachées qui auraient fait partie d'une troupe ou réunion non réputée armée, 215. — Cas dans lesquels les blessures et les coups sont imputables aux chefs, auteurs, instigateurs et provocateurs des réunions séditieuses où il y a eu rebellion ou pillage, 313.

Réunions littéraires, etc. Voyez *Associations.*

Révélation. Les personnes qui auraient connaissance de complots formés ou de crimes projetés contre la sûreté intérieure ou extérieure de l'État sont tenues de les révéler, 103 et suiv. — Même obligation pour délits relatifs à la fausse monnaie, 136. — Exception à l'égard des ascendans, etc. 137. — Cas dans lequel la révélation de ces délits exempte les coupables des peines par eux encourues, 138. — Application de ces dispositions au crime de contrefaçon du sceau de l'État et des effets publics, 139 et 144.

Revendication. Amende encourue par les juges qui, sans égard à une revendication de l'autorité administrative, auraient jugé une affaire avant la décision de l'autorité supérieure, et contre les officiers du ministère public qui auraient contribué à ce jugement, 128. Voyez *Conflit.*

Revenus. Voyez *Prévision.*

Révocation. Peine qu'encourrait le fonctionnaire public qui continuerait son exercice au mépris d'une révocation, 197.

Rossignols. Voyez *Clefs.*

Rouliers. Quelle peine encourent les charretiers, rouliers, conducteurs de voitures ou de bêtes de charge, pour s'être écartés de leurs chevaux, et n'avoir pas laissé libre la moitié des rues, chaussées, routes et chemins, 475; — pour être contrevenus à la loi par la rapidité, la mauvaise direction ou le chargement de leurs voitures, 475, 476, 479 et 480. Voyez *Hôteliers.*

Route. Peines pour fabrication ou falsification de feuilles de route, 166; — pour réquisition et délivrance d'une feuille sous un nom supposé, 157 et 158; — pour emploi d'une fausse feuille de route par des vagabonds ou mendians, 281.

Rues. Amende pour avoir négligé de nettoyer les rues et passages dans les communes où ce soin est laissé à la charge des habitans, 471. Voyez *Arbres, Jeux de hazard, Rouliers.*

Ruine. Amende contre ceux qui, malgré une sommation légale, auraient négligé de démolir des édifices menaçant ruine, 471.

S

Sages-femmes. Peines encourues par celles qui auraient révélé les secrets à elles confiés à raison de leur profession, 378.

Saisie. Les exemplaires d'écrits, images et gravures publiés sans nom d'auteur sont saisis et confisqués, 286 et 287. — Il en est de même des armes prohibées, 314; — des boissons falsifiées, 318; — des fonds exposés au jeu ou aux loteries dans les rues, 410; — des éditions contrefaites, 427. Voyez *Confiscations particulières.*

Salaires. Voyez *Coalition, Concussion.*

Sang. Voyez *Violences.*

Santé. Voyez *Boissons falsifiées.*

Sceau de l'État. Peine pour l'avoir contrefait ou avoir employé un sceau contrefait, 139. — Articles dont les dispositions sont applicables au même crime, 144.

Sceaux particuliers. Voyez *Marques particulières.*

Scellés. Peines encourues par les gardiens, les greffiers, les archivistes et autres dépositaires, pour bris de scellés et enlèvement de pièces dans des dépôts à eux confiés, 249 et suiv.

Scrutin Peine du carcan pour soustraction ou falsification de billets contenant les suffrages des citoyens, 111.

Secondes noces. **Voyez** *Mariage.*

Secours. Peine de mort, avec confiscation de biens, contre ceux qui auraient fourni aux ennemis des secours en hommes, argent, armes ou vivres, 77. — Peine pour refus de secours requis en cas d'accidens, de pillage, de clameur publique, de flagrant délit, etc. 475.

Secret. Défenses aux médecins, chirurgiens, officiers de santé, pharmaciens et sages-femmes, de révéler les secrets à eux confiés, hors le cas où la loi les oblige à se porter dénonciateurs, 378. **Voyez** *Agens du Gouvernement.*

Secrets des arts et métiers. Peines qu'encourent ceux qui communiqueraient des secrets d'une fabrique dans laquelle ils sont employés, 418.

Sédition. Cas dans lesquels les individus faisant partie d'une bande armée pour le pillage des propriétés publiques, et qui ont été saisis sur le lieu de la réunion séditieuse, sont punis de mort, avec confiscation de biens, ou de la déportation, 97 et 98. — Ceux qui, sans avoir rempli des fonctions dans les bandes, se seraient retirés sans résistance au premier avertissement des autorités civiles ou militaires, sont renvoyés sous la surveillance spéciale de la haute police, 100. **Voyez** *Bandes armées.*

Séduction. **Voyez** *Corruption.*

Sénat. Défense aux magistrats et aux officiers de police judiciaire de provoquer ou de signer des actes tendant à la poursuite personnelle ou à l'accusation d'un membre du Sénat, 121. **Voyez** *Mandat.*

Septuagénaires. **Voyez** *Age.*

Sépulture. **Voyez** *Violation de sépulture.*

Séquestration. Peines encourues pour séquestration de personnes, sans ordre des autorités constituées, 341 *et suiv.*

Séquestré. **Voyez** *Rebellion.*

Serment. Les fonctionnaires publics ne peuvent entrer dans l'exercice de leurs fonctions sans avoir prêté serment, 196. — Peine contre celui qui, sur le serment à lui déféré en matière civile, aurait fait un faux serment, 366.

Serruriers. Peines contre ceux qui ont contrefait ou altéré des clefs, 399 **Voyez** *Clefs, Effraction.*

Service. Peines pour refus d'un service dû légalement, 234 *et suiv.* — ou requis en cas d'accidens, 475.

Service militaire. **Voyez** *Port d'armes.*

Service public. **Voyez** *Certificats de maladie.*

Serviteurs à gage. Peines par eux encourues pour viol, 333. Voyez *Domestiques.*

Sexe. Voyez *Mœurs, Prostitution.*

Signatures. Peines contre ceux qui en auraient extorqué une par force, violence ou contrainte, 400. Voyez *Faux, Fonctionnaires publics, Ministres.*

Signaux. Peines pour accidens occasionnés par la négligence à placer les signaux d'usage devant des décombres, etc. 479.

Sociétés. Voyez *Associations.*

Sœur. Voyez *Déclaration, Révélation.*

Soldats. Voyez *Engagement, Espionnage.*

Solidarité. Elle a lieu pour le paiement des amendes, des restitutions, des dommages-intérêts et des frais, contre tous les individus condamnés à raison du même crime ou du même délit, 55. — Ceux qui ont connivé à l'évasion d'un détenu sont solidairement condamnés, à titre de dommages-intérêts, à tout ce que la partie civile aurait eu droit d'en obtenir, 244.

Sommation. Peines encourues par ceux qui auraient négligé de déférer à la sommation à eux faite par l'autorité administrative de réparer ou de démolir des édifices menaçant ruine, 471.

Songes. Voyez *Devins.*

Sortie. Obligations aux aubergistes, hôteliers, de tenir des registres contenant la date d'entrée et de sortie des personnes qu'ils logent, 475. Voyez *Registres.*

Soumissions. Voyez *Adjudication.*

Sous-préfets. Voyez *Grains, Préfets.*

Soustraction. Peines applicables aux percepteurs ou commis à une perception, et aux dépositaires ou comptables publics, pour soustraction de deniers publics ou privés, effets, etc. par eux commises, 169 *et suiv.* — aux juges, administrateurs, fonctionnaires ou officiers publics, agens ou préposés du Gouvernement, pour soustraction ou suppression d'actes et titres, 173 ; aux greffiers, archivistes, notaires, etc. pour pareille soustraction, 254. — Simples réparations civiles pour soustractions commises par des époux, des enfans, etc. à leur préjudice respectif, 380. Voyez *Abus de confiance, Scellés.*

Spectacles. Voyez *Théâtres.*

Statues. Voyez *Monumens.*

Stylets. Peine pour fabrication, débit ou port de stylets, 314.

Subornation. Peines contre les coupables de subornation de témoins, suivant la nature des condamnations qui pourraient résulter du faux témoignage, 365.

Substitution d'enfant. Peine encourue pour avoir substitué un enfant à un autre, 345.

Substituts des procureurs généraux et impériaux. Voyez *Accusation, Autorités administratives, Conflit, Dégradation civique, Forfaiture, Lois, Mandat, Pouvoir législatif, Préposés du Gouvernement, Revendication, Violation de domicile.*

Suffrage. Les tribunaux, jugeant correctionnellement, peuvent interdire temporairement l'exercice du droit de suffrage dans les délibérations de famille, 42 et 43 — Peines contre ceux qui, en dépouillant les suffrages, auraient falsifié les billets, en auraient soustrait de la masse, ou auraient écrit d'autres noms sur les billets des votans non lettrés, 111 et 112; — et contre les individus qui, dans les élections, auraient vendu ou acheté des suffrages, 113.

Supplice. La tête tranchée est le supplice de tout condamné à mort, 12.

Suppliciés. Voyez *Inhumation.*

Supposition d'enfant. Celui qui aurait supposé un enfant à une femme non accouchée, est puni de la reclusion, 345.

Supposition de nom. Peine pour avoir pris dans un passe-port un nom supposé, 154.

Supposition de personnes. Peine pour faux commis par ce délit, 145.

Suppression d'écrits. Voyez *Plaidoyers.*

Suppression d'enfant. Peine de ce crime, 345.

Sûreté. Crimes contre la sûreté de l'État, 75 *et suiv.* 86 *et suiv.*

Surprise. Les ministres qui prétendent qu'on leur a surpris la signature d'un acte contraire aux constitutions, sont tenus, en faisant cesser l'acte, de dénoncer l'auteur de la surprise, 116.

Surveillance de la haute police. Le renvoi sous cette surveillance est une peine commune aux matières criminelle et correctionnelle, 11. — Effets de ce renvoi, 44 et 45. — Condamnations qui mettent de plein droit sous cette surveillance, soit pour la vie, soit temporairement, 47 *et suiv.* — Surveillance temporaire à laquelle sont assujettis les individus qui, après avoir été condamnés à un emprisonnement de plus d'une année, sont repris pour un nouveau délit, 58. — Durée de la surveillance sous laquelle peut être mis l'individu âgé de moins de seize ans, qui, agissant avec discernement, a encouru des peines afflictives et infamantes, 67. — Même surveillance à l'égard de ceux qui, au premier avertissement, se sont retirés des bandes armées dont ils faisaient partie, 100; — et pour les parens auxquels la loi n'enjoint pas de révéler les complots; ou pour les coupables qui, avant l'exécution, en auraient donné connaissance, ou qui auraient procuré l'arrestation des auteurs ou complices, 107 et 108; — pour les individus coupables de crimes concernant la fausse monnaie, qui auraient fait des révélations, et auraient procuré des arrestations, 138; — pour les chefs de rebellion, après l'expiration de leur peine, 221; — pour les individus qui auraient favorisé une évasion de détenus, 246; — pour les individus condamnés à raison de menaces d'attentats contre les personnes, 308; — pour les auteurs de blessures et de coups portés volontairement, 309 et suiv. — pour les fabricateurs d'armes prohibées, 314. — Cas dans lesquels des crimes excusables ne dispensent pas de la surveillance de la haute police, 326. — Surveillance à l'égard des individus qui, coupables de détention ou de séquestration, auraient, avant un délai de dix jours, remis en liberté la personne séquestrée, 343; à l'égard des coupables de larcins et de filouteries, 401; et de ceux qui auraient violé les réglemens relatifs aux manufactures, au commerce et aux arts, 416, 419 et 420; — ou qui auraient commis des destructions et des dégradations, 444 et 452. Voyez *Caution.*

Suspension. Peine encourue par le fonctionnaire public qui, malgré une suspension, aurait continué l'exercice de ses fonctions, 197. — Cas dans lesquels la suspension peut être ordonnée pour écrits relatifs à la défense des parties, 377. Voyez *Fonctionnaires publics.*

T

Tapage nocturne. Voyez *Bruits nocturnes.*

Taxes. Voyez *Concussion, Percepteurs.*

Témoignage. Les tribunaux, jugeant correctionnellement, peuvent interdire la faculté de témoignage en justice, 42 et 43. Voyez *Excuses, Faux témoignage, Incapacité, Subornation.*

Tentative. Dans quel cas la tentative du crime ou délit est considérée comme le crime ou délit lui-même, 2 et 3 — Application particulière de ce principe aux bandes armées, 97 — Comment sont punies les tentatives de larcins et filouteries, 401. Voyez *Violences.*

Terrain. Ceux qui passent sur le terrain d'autrui lorsqu'il est préparé ou ensemencé, ou qui y laissent passer leurs bestiaux avant l'enlèvement de la récolte, encourent la peine d'une amende, 471 et 475.

Tête tranchée. Supplice commun à tous les coupables condamnés à mort, 12.

Théâtres. Amende avec confiscation de recettes contre les directeurs, entrepreneurs de spectacle ou associations d'artistes qui auraient fait représenter sur leur théâtre des ouvrages dramatiques, au mepris des lois relatives à la propriété des auteurs, 428.

Timbres nationaux. Peines pour avoir contrefait ou falsifié des timbres nationaux, 140 à 143.

Timbres particuliers. Voyez *Marques particulières.*

Titre. Voyez *Matières d'or ou d'argent.*

Titres. Peines pour usurpation de titres et fonctions, 258 et 259; — et pour vols commis en prenant le titre ou l'uniforme d'un officier public ou d'un officier civil ou militaire, 381.

Tombeau. Voyez *Violation de sépulture.*

Tortures. Peines auxquelles sont condamnés les individus qui auraient fait supporter des tortures corporelles à des personnes par eux arrêtées et séquestrées illégalement, 344. Voyez *Assassinat.*

Trahison. Peines pour crimes et délits contre la sûreté de l'État, 75 et suiv.

Traitemens. Voyez *Concussion.*

Transportation. Le Gouvernement peut faire conduire hors du territoire de l'Empire, les étrangers déclarés vagabonds par jugement, 272. Voyez *Déportation.*

Travail. Voyez *Boutiques*, *Moteurs.*

Travaux correctionnels. Les individus condamnés à la peine de l'emprisonnement, et renfermés dans une maison de correction, y sont employés à des travaux à leur choix, 40. — Emploi des produits de ces travaux, 41.

Travaux forcés. Ils sont au nombre des peines afflictives et infamantes, 7. — Les condamnés traînent un boulet, ou sont attachés deux à deux avec une chaîne, 15. — Les femmes sont employées dans l'intérieur d'une maison de force, 16. — Le déporté rentré sur le territoire de l'Empire, est, sur la seule preuve d'identité, condamné aux travaux forcés à perpétuité, 17. — Cette condamnation emporte mort civile, 18. — Durée de la peine des travaux forcés à temps, 19. — Les individus condamnés aux travaux forcés à perpétuité sont flétris sur la place publique, 20. — On attache au carcan ceux qui ont été condamnés aux travaux forcés à perpétuité ou à temps, 22. — Manière dont se compte la durée de la peine des travaux forcés à temps, 23. — Droits civils dont on est privé par la condamnation aux travaux forcés à temps, 28. — État d'interdiction légale qui résulte de cette condamnation, 29. — Les coupables condamnés aux travaux forcés à temps sont, pendant toute leur vie, sous la surveillance de la haute police de l'État, 47. — Lorsque la peine de la reclusion est encourue pour un crime commis par récidive, elle est remplacée par celle des travaux forcés à temps et la marqùe, 56. — Quand le second crime entraîne la peine des travaux forcés à temps, c'est celle des travaux forcés à perpétuité qui la rémplace, *ibid*. — L'individu âgé de moins de seize ans, qui a commis avec discernement un crime emportant la peine des travaux forcés à temps ou à perpétuité, est condamné à un emprisonnement dans une maison de correction, 67. — Ceux qui auraient fourni des logemens ou des lieux de retraite et de réunion à des bandes armées, sont condamnés aux travaux forcés à temps, 100. — La même peine s'inflige aux individus qui ont fait un acte contraire aux constitutions d'après une fausse signature du nom d'un ministre ou d'un fonctionnaire public, 118. — La peine des travaux forcés à perpétuité est encourue pour contrefaçon, altération ou introduction des monnaies de billon ou de cuivre ayant cours légal en France, 133; — et celle des travaux forcés à temps pour de semblables délits relatifs aux monnaies étrangères 134 — Application de cette dernière peine pour contrefaçon ou falsification de timbres nationaux, de marteaux ou de poinçons de l'Etat, 140; — et de celle des travaux forcés à perpétuité pour faux commis par des fonctionnaires ou officiers publics dans l'exercice de leurs fonctions, 145 et 146. — Travaux forcés à temps pour faux commis par d'autres personnes, et pour usage des actes faux, 147 et 148; — pour soustractions commises par des dépositaires publics, 169 *et suiv.* — Travaux à perpétuité ou à temps pour avoir favorisé, par connivence ou transmission d'armes, une évasion de prison, 240 et 243. — Travaux forcés à temps pour bris de scellés par le gardien, 251; — pour soustraction et enlèvement de pièces par le dépositaire lui-même, 255; pour association entre malfaiteurs, 266 et *suiv.* — Les vagabonds et mendians qui ont commis un crime emportant la peine des travaux forcés sont d'ailleurs marqués, 280. — Le meurtre qui n'a été précédé, accompagné ni suivi d'un autre crime ou délit, est puni de la peine des travaux forcés à perpétuité, 304. — Sortes de menaces qui sont punies des travaux forcés à temps, 405. — Blessures, coups volontaires, etc. qui font encourir la peine des travaux forcés à temps ou à perpétuité, 310 *et suiv.* — Peine des travaux forcés à temps ou à perpétuité pour viol commis sur un enfant au-dessous de quinze ans, 332 et 333. — La seconde de ces peines, pour mariage contracté avant la dissolution du précédent, 340, — et pour séquestration de personnes, 341. — Cas où ce dernier crime donne lieu aux travaux à perpétuité, 342. — Travaux forcés à temps pour enlèvement d'une fille au-dessous de seize ans, 355 et 356; pour faux témoignage, 361. — Travaux forcés à temps ou à perpétuité pour subornation de témoins, selon la gravité des circonstances, 365. — Mêmes peines pour différentes espèces de vols, 382 *et suiv.* — pour signature ou remise de pièces extorquées par force ou violence, 400; — pour banqueroute ou escroquerie, 402 *et suiv.* — pour délits commis par les fonctionnaires ou agens du Gouvernement qui auraient aidé les fournisseurs à faire manquer le service, 432; — pour menace d'incendie, 436. — Travaux forcés à temps pour pillage de marchandises et denrées commis en réunion ou bande et à force ouverture, 440 et 441. Voyez *Bannissement, Carcan, Condamnation, Marque, Réclusion.*

Travaux publics. Emprisonnement et amende contre ceux qui, par des voies de fait, se seraient opposés à la confection de travaux autorisés par le Gouvernement, 438.

Tribunaux de police. Ils peuvent, dans les cas déterminés par la loi, prononcer la confiscation des choses saisies en contravention, ou des matières et instrumens qui y ont servi, 470.

Tromblons. Peine encourue par les fabricateurs ou débitans de ces armes, 314.

Troubles. Peines pour avoir troublé la liberté des enchères, 412. Voyez *Cultes.*

Troupes. Ceux qui auraient levé des troupes armées, sans l'autorisation du pouvoir légitime, sont punis de mort, avec confiscation de biens, 92.

Tumulte. Voyez *Secours.*

Tutelle. Les tribunaux, jugeant correctionnellement, peuvent, en certains cas, interdire de tutelle et de curatelle, 42 et 43. — Pareille interdiction pour attentats aux mœurs, 335.

U

Uniforme. Peines pour avoir publiquement porté un uniforme dont on n'avait pas le droit de se revêtir, 259; — et pour avoir commis un vol sous ce vêtement, 381.

Usines. Voyez *Moulins.*

Ustensiles. Lesquels sont qualifiés armes, 101.

Usufruit. Voyez *Adjudication.*

Usurpation. Voyez *Titres.*

V

Vagabondage. C'est un délit, 269. — Individus réputés vagabonds ou gens sans aveu, 270. — Emprisonnement des individus légalement déclarés vagabonds, 271. — Transportation hors du territoire lorsqu'ils sont étrangers, 272. — Par qui les vagabonds, nés en France, peuvent être réclamés et cautionnés, 273. — Peines pour divers délits commis par les vagabonds, 277.

Vaisseaux. Voyez *Incendie*, *Mine*, *Places de guerre.*

Vendanges. Amendes encourues par ceux qui contreviennent au ban de vendanges, 475.

Vendeurs. Voyez *Crieurs.*

Vente. Voyez *Bois.*

Vétusté. Peines pour incendie causé par vétusté, 458.

Villes. Voyez *Bandes armées*, *Commandement militaire*, *Places de guerre.*

Vin. Voyez *Altération de liquides*, *Boissons falsifiées.*

Viol. Différentes peines pour viol, suivant l'âge, les circonstances et les qualités du coupable, 331 *et suiv.*

Violation de domicile. Peines contre les magistrats, officiers de justice ou de police, qui se seraient introduits dans le domicile d'un citoyen hors les cas prévus et sans les formalités prescrites, 184.

Violation de sépulture. Peines pour violation de tombeau et de sépulture, 360.

Violences. Quelles peines encourent les fonctionnaires ou officiers publics, les agens de la police, etc. qui usent de violence dans l'exercice de leurs fonctions, 186. — Peines pour violences exercées envers les officiers ministériels, 230 *et suiv.* — Plus fortes peines à l'égard des vagabonds, 279. — Peines pour viol consommé, ou tenté avec violence, 331; — et pour vol, également avec violence et usage d'armes, 382 *et suiv.* Voyez *Adjudication*, *Avortement*, *Blessures*, *Corruption*, *Meurtre*, *Prison*, *Rebellion*, *Scellés*, *Vols.*

Viviers. Peine pour empoisonnement de poissons dans des viviers, 452.

Vivres. Peine encourue par ceux qui ont fourni des vivres à des bandes, 96. Voyez *Secours.*

Voie publique. Voyez *Arbres*, *Matériaux*, *Voirie.*

Voies de fait. Cas dans lequel le coupable de voies de fait contre un magistrat est condamné à la peine du carcan, 228. Voyez *Adjudication*, *Cultes*, *Droits civiques*, *Rebellion*, *Travaux publics*, *Violences.*

Voile. Celui dont on couvre la tête du parricide conduit au supplice, 13.

Voirie. Peines contre ceux qui négligeraient ou refuseraient d'exécuter les réglemens et arrêtés concernant la petite voirie, 471.

Voituriers. Peine contre les bateliers, voituriers, aubergistes ou hôteliers qui auraient volé des objets à eux confiés, 386; — et contre les voituriers, bateliers ou leurs préposés qui auraient altéré des liquides dont le transport leur aurait été confié, 387. Voyez *Rouliers.*

Vols. Ceux qui ont été commis en brisant des scellés sont punis comme les vols avec effraction, 253. — L'homicide commis et les coups portés en se défendant contre les auteurs de vols ou pillages exécutés avec violence, ne sont point réputés crimes ni délits, 329. — En quoi consiste le vol, 379. — Diverses peines encourues par les différentes circonstances qui ont accompagné les vols, 381 à 401. Voyez *Bois, Carrières, Champs.*

Vote. Les tribunaux jugeant correctionnellement peuvent, suivant les cas, interdire l'exercice des droits de vote et d'élection, ou de vote et de suffrage dans les délibérations de famille, 42 et 43. — Ceux qui, par attroupement, voies de fait ou menaces, auraient empêché des citoyens d'exercer leurs droits civiques, sont interdits du droit de vote personnel, 109.

Verlags-Artikel
der
Keilischen Buchhandlung.

Code Napoléon, troisième édition, à laquelle on a joint 1°
toutes les lois, décrets impériaux, avis du Conseil d'état
et instructions du Grand-Juge Ministre de la justice,
contenant des explications de ce Code ou des moyens
d'exécution des articles qui présentaient des difficultés
dans leur application, 2.° tous les statuts et règlemens
relatifs aux titres et majorats et 3.° le décret concernant
les juifs; in 8.° 7 fr.

Code Napoléon, nach dem officiellen Texte von Hrn. Daniels übersetzt, dritte Auflage, welcher 1) alle Gesetze,
kaiserl. Decrete, Gutachten des Staats-Raths und Instruc-
tionen des Groß-Richters, Justiz-Ministers, wodurch mehrere Verfügungen dieses Gesetzbuches näher bestimmt, oder
erläutert werden, 2) alle Statuten und Verordnungen in
Betreff der Titel und Majorate, und 3) das kaif. Decret
in Betreff der Juden beygefügt sind; franz. und deutscher
Text, gr. 8. Schreibpap. 14 Fr.

Dasselbe Werk bloß deutsch, dritte Auflage gr. 8. Schreibp.
7 Fr.

Commentar über das Gesetzbuch Napoleons, oder: Gründliche
Entwickelung der Discuffion über dieses Gesetzbuch im
Staats-Rathe, welche die über jeden Artikel gemachten
Bemerkungen und die Entscheidungs-Gründe des Staats-
Raths, die Bezeichnung der Abweichung vom römischen
Rechte, die vom Caffations-Hofe erlassenen Urtheile um
den Sinn verschiedener Artikel zu bestimmen, und die be-
sondern Bemerkungen des Verfassers enthält, um mehrere
Artikel miteinander zu vereinigen und zu berichtigen, und
andere verständlich zu machen, von Jacob von Mal-
leville, einem der Verfasser des Gesetzbuches Napoleons,
aus dem Französischen übersetzt, und mit vielen Erläute-
rungen, so wie mit allen Urtheilen vermehrt, die über

wichtige Prozeſſe in Frankreich erlaſſen worden ſind; von
M. Blanchard; 4 Bände, gr. 3. 30 Fr.

Der Titel dieſes wichtigen Werks zeigt hinlänglich, was
man darin findet. Se. Maj. der König von Weſtphalen haben
die Zueignung deſſelben huldreichſt angenommen, und der Juſtiz-
Miniſter hat es allen Gerichts-Behörden und Rechtsgelehrten
dieſes Königreichs anempfohlen.

Code de procédure civile, seconde édition, à laquelle ou a
ajouté les décrets impériaux relatifs au tarif des frais et
dépens, à la police et discipline des tribunaux, et aux
droits de greffe, ainsi qu'une table complette des matières, in 8.° 5 fr.

Code de procédure civile, aus dem officiellen Texte überſetzt
von Hn. Daniels, zweyte Auflage, (welcher mehrere
kaiſerl. Decrete und Gutachten des Staats-Raths als
Erläuterung, ſo wie auch die Verordnungen über die Sporteln
tare und die Disciplin der Tribunäle beygefügt ſind.) gr.
8. franz. und deutſch. 10 Fr.

Daſſelbe Werk bloß deutſch. 5 Fr.

Code de Commerce. Deuxième édition, à laquelle on a
joint toutes les lois, décrets impériaux, avis du Conseil
d'État et instructions du Grand-Juge, Ministre de la
Justice, contenant des explications de ce Code ou des
moyens d'exécution des articles qui présentaient des difficultés dans leur application, in 8.° 3 fr. 50 cent.

Code de Commerce, nach dem officiellen Texte überſetzt von
Hrn. Daniels, zweyte Auflage, (welcher die Geſetze,
kaiſerl. Decrete, Gutachten des Staats-Rathes und In-
ſtructionen des Groß-Richters, Juſtiz-Miniſters, wodurch
mehrere Verfügungen des Handlungs-Geſetzbuches näher
beſtimmt oder erläutert werden, beygefügt ſind. gr. 8.
franz. und deutſch. 7 Fr.

Daſſelbe Werk bloß deutſch, gr. 8. 3 Fr. 50 Cent.

Code criminel de la France, comprenant 1° le Code d'instruction criminelle et 2° le Code pénal; on y a joint les
lois et décrets impériaux organiques ainsi que de formules
pour les magistrats et officiers ministériels, deuxième édition,
2 vol. in 8.° 6 fr.

Code Criminel de la France, nach dem officiellen Texte überſetzt von Hrn. Daniels, mit angehängten Formularen
für Friedenrichter, Polizey-Commiſſaire, Gerichtſchreiber,
Maire, Adjuncten, Huiſſiers, Gendarmen, Feld- und
Forſtwächter, welche dieſen Beamten, die mit der neuen
Geſetzgebung unbekannt ſind, als richtiger Leitfaden dienen
können, 2 Bände, gr. 8. franz. und deutſch. 12 Fr.

Daſſelbe Werk bloß deutſch, 2 Bände, gr. 8. 6 Fr.

Verlags-Artikel
der
Keilischen Buchhandlung.

Code Napoléon, troisième édition, à laquelle on a joint 1°
toutes les lois, décrets impériaux, avis du Conseil d'état
et instructions du Grand-Juge Ministre de la justice,
contenant des explications de ce Code ou des moyens
d'exécution des articles qui présentaient des difficultés
dans leur application, 2.° tous les statuts et règlemens
relatifs aux titres et majorats et 3.° le décret concernant
les juifs; in 8.° 7 fr.

Code Napoléon, nach dem officiellen Texte von Hrn. Daniels übersetzt, dritte Auflage, welcher 1) alle Gesetze,
kaiserl. Decrete, Gutachten des Staats-Raths und Instruc-
tionen des Groß-Richters, Justiz-Ministers, wodurch mehrere Verfügungen dieses Gesetzbuches näher bestimmt, oder
erläutert werden, 2) alle Statuten und Verordnungen in
Betreff der Titel und Majorate, und 3) das kaif. Decret
in Betreff der Juden beygefügt sind; franz. und deutscher
Text, gr. 8. Schreibpap. 14 Fr.

Dasselbe Werk bloß deutsch, dritte Auflage gr. 8. Schreibp.
7 Fr.

Commentar über das Gesetzbuch Napoleons, oder: Gründliche
Entwickelung der Discussion über dieses Gesetzbuch im
Staats-Rathe, welche die über jeden Artikel gemachten
Bemerkungen und die Entscheidungs-Gründe des Staats-
Raths, die Bezeichnung der Abweichung vom römischen
Rechte, die vom Cassations-Hofe erlassenen Urtheile um
den Sinn verschiedener Artikel zu bestimmen, und die be-
sondern Bemerkungen des Verfassers enthält, um mehrere
Artikel miteinander zu vereinigen und zu berichtigen, und
andere verständlich zu machen, von Jacob von Mal-
leville, einem der Verfasser des Gesetzbuches Napoleons,
aus dem Französischen übersetzt, und mit vielen Erläute-
rungen, so wie mit allen Urtheilen vermehrt, die über

wichtige Prozesse in Frankreich erlassen worden sind; von
M. Blanchard; 4 Bände, gr. 3. 30 Fr.

> Der Titel dieses wichtigen Werks zeigt hinlänglich, was
> man darin findet. Se. Maj. der König von Westphalen haben
> die Zueignung desselben huldreichst angenommen, und der Justiz-
> Minister hat es allen Gerichts-Behörden und Rechtsgelehrten
> dieses Königreichs anempfohlen.

Code de procédure civile, seconde édition, à laquelle ou a
ajouté les décrets impériaux relatifs au tarif des frais et
dépens, à la police et discipline des tribunaux, et aux
droits de greffe, ainsi qu'une table complette des matières, in 8.° 5 fr.

Code de procédure civile, aus dem officiellen Texte übersetzt
von Hn. Daniels, zweyte Auflage, (welcher mehrere
kaiserl. Decrete und Gutachten des Staats-Raths als
Erläuterung, so wie auch die Verordnungen über die Kosten-
tare und die Disciplin der Tribunäle beygefügt sind.) gr.
8. franz. und deutsch. 10 Fr.

Dasselbe Werk bloß deutsch. 5 Fr.

Code de Commerce. Deuxième édition, à laquelle on a
joint toutes les lois, décrets impériaux, avis du Conseil
d'Etat et instructions du Grand-Juge, Ministre de la
Justice, contenant des explications de ce Code ou des
moyens d'exécution des articles qui présentaient des difficultés dans leur application, in 8.° 3 fr. 50 cent.

Code de Commerce, nach dem officiellen Texte übersetzt von
Hrn. Daniels, zweyte Auflage, (welcher die Gesetze,
kaiserl. Decrete, Gutachten des Staats-Raths und In-
structionen des Groß-Richters, Justiz-Ministers, wodurch
mehrere Verfügungen des Handlungs-Gesetzbuches näher
bestimmt oder erläutert werden, beygefügt sind. gr. 8.
franz. und deutsch. 7 Fr.

Dasselbe Werk bloß deutsch, gr. 8. 3 Fr. 50 Cent.

Code criminel de la France, comprenant 1° le Code d'instruction criminelle et 2° le Code pénal; on y a joint les
lois et décrets impériaux organiques ainsi que de formules
pour les magistrats et officiers ministériels, deuxième édition,
2 vol. in 8.° 6 fr.

Code Criminel de la France, nach dem officiellen Texte übersetzt von Hrn. Daniels, mit angehängten Formularen
für Friedensrichter, Polizey-Commissaire, Gerichtsschreiber,
Maire, Adjuncten, Huissiers, Gendarmen, Feld- und
Forstwächter, welche diesen Beamten, die mit der neuen
Gesetzgebung unbekannt sind, als richtiger Leitfaden dienen
können, 2 Bände, gr. 8. franz. und deutsch. 12 Fr.

Dasselbe Werk bloß deutsch, 2 Bände, gr. 8. 6 Fr.

Kommentar über das Criminal-Gesetzbuch von Hn. Bourguignon, aus dem Französischen übersetzt von Hn. Zumbach. 2 B. in gr. 8. 14 Fr.

Statuten und Verordnungen über den neuen Adel in Frankreich, und die Majoratsgüter, welche Franzosen in Frankreich, Deutschland und dem Großherzogthum Warschau besitzen, gesammelt und in die deutsche Sprache übersetzt von A. Keil, kaiserl. Procurator bey dem Bezirks-Gerichte in Cöln, gr. 8. 2 Fr.

Dasselbe Werk bloß deutsch, gr. 8. 1 Fr.

Receuil de toutes les lois, décrets impériaux, avis du Conseil d'État, et instructions du Grand-Juge Ministre de la Justice, contenant des explications du Code Napoléon ou des moyens d'exécution des articles qui présentaient des difficultés dans leur application. Uebersetzt von A. Keil, kaiserl. Procurator bey dem Bezirks-Gerichte in Cöln, franz. und deutsch, gr. 8. 2 Fr. 70 Cent.

Dasselbe Werk bloß deutsch, gr. 8. 1 Fr. 35 Cent.

Diese wichtige Sammlung ist ein nöthiges Supplement zu allen in Deutschland erschienenen Ausgaben des Gesetzbuchs Napoleons.

Keil's A. Handbuch für Maire und Adjuncten, Polizey-Commissaire, Munizipal-Räthe, Contributions-Empfänger und Repartitoren, Spital- und Armen-Verwalter, Kirchenräthe und Kirchmeister, Feld- und Forsthüter. 2 Bände, zweyte ganz umgearbeitete und vermehrte Auflage, gr. 8. 14 Fr.

Neue Organisation des Religionswesens in Frankreich, enthaltend das mit dem Pabste geschlossene Concordat, und alle hierauf sich beziehende Actenstücke in beyden Sprachen, nebst historisch-politischen Bemerkungen von Ph. Chr. Rheinhardt, dermahlen Professor der Philosophie an der Universität zu Moskau, gr. 8. 4 Fr.

Es ist unnöthig die Vorzüge hier in Anregung zu bringen, wodurch die Uebersetzungen der französischen Gesetzbücher von Hrn. Daniels sich auszeichnen; die gelehrten Blätter, so wie das Publikum haben schon lange den Kenntnissen dieses großen Rechtsgelehrten Gerechtigkeit widerfahren lassen. — Die in Hamburg errichtete Regierungs-Commission hat diese Uebersetzungen des Gesetzbuches Napoleons des Handlungs- und Criminal-Gesetzbuchs für die drey neuen Departemente als officiel erklärt.

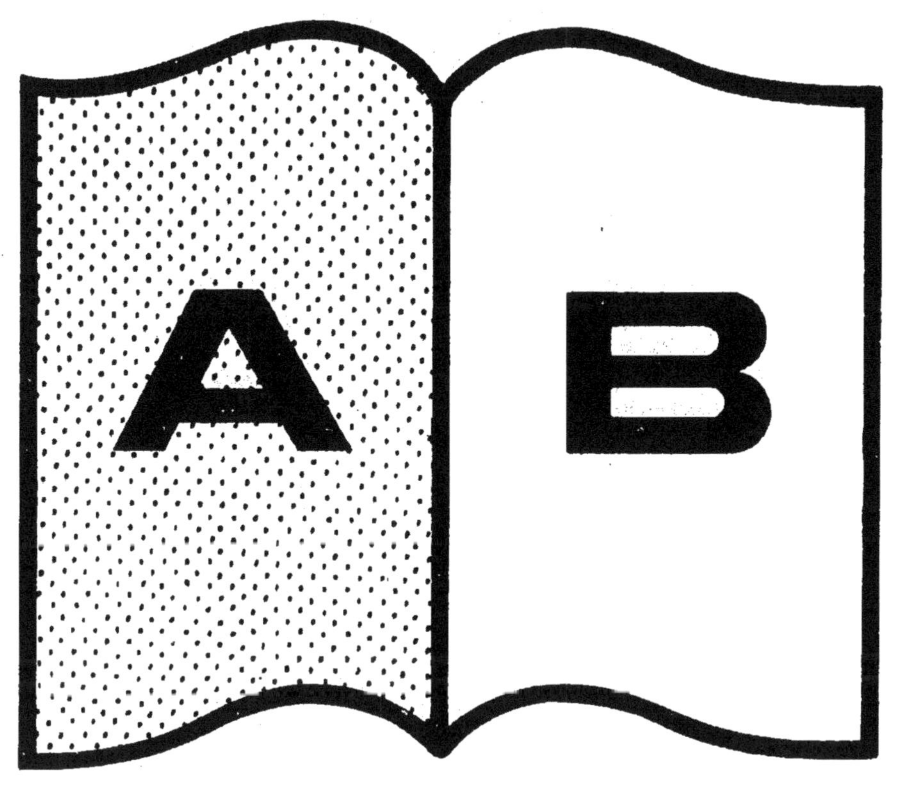

Contraste insuffisant

NF Z 43-120-14

www.ingramcontent.com/pod-product-compliance
Ingram Content Group UK Ltd.
Pitfield, Milton Keynes, MK11 3LW, UK
UKHW022220120726
13694UKWH00002B/632

9 782013 690553